地方自治と東京市政
【昭和3年初版】

菊池愼三 著

地方自治法研究
復刊大系〔第二五九巻〕

地方自治と東京市政

〔昭和三年初版〕

日本立法資料全集 別巻1069

信山社

東京府內務部長　菊池愼三著

地方自治と東京市政

東京　良書普及會發兌

1928

序

一、昨年五月迄に書いた地方自治都市問題などに關する論策は、概ね『都市行政と地方自治』『都市計畫と道路行政』の二書に收めたのであるが、一二の之に洩れたものと其の後一箇年間に書いたものとを集めたのが本書である。大部分は曾て雜誌『自治研究』『地方行政』『都市問題』『斯民』『都市創作』等に發表したものであるが、本篇に收めるに當つて多少の加筆修飾を加へて、内容又は辭句を改善するに努めた。

二、本書の前半は地方自治の研究と題した。私の立場は依然として從來の公權解釋や行政實例や取扱振に同じ難いものがあり、時として若干の苦言妄評を敢てして居る。爲に知友先輩に罪を得ることもあらうと思ふけれども、廣い世間には私の立場に同情する人も無いこともあるまい。思想の未熟意見の誤れるものは、將來研究を續けて正しきに就きたいと思ふ。

三、地方財政權解放の主張を書いた當時は、私は氣付かなかつたのであるが、本書出版に際して偶然地方債許否が國の都合を第一に考ふべき筋のものでなく、地方自治體夫自體の利害を本位として判斷すべきであると云ふ趣旨の主張が、夙に堀切復興局長官に依つて力說せられて居ることを知つて、百萬の援兵を得たかの如く力强く感じた。仍つて堀切さんの御主張（講演速記の一節）を引用して置いた。カントの無上命法と同一の道德的理由に依つて、地方自治體監督の任に當る國家の官吏諸君は、一層地方自治體の人格を人格として尊重し、其の固有本然の利害を考慮することが、其の重大なる義務であることを自覺して貰ひたいと思ふ。地方自治體の監督の任に當る者は一層地方自治體の健全なる發達を援助することが必要である。私共は此の如き考へ方が一日も速に官場内に廣く行はれる樣にならんことを切望する。

四、地方議會に於ける不信任決議の研究は、昨年四月『自治研究』に發表し、『都市行政と地方自治』に收めたものであるが、其の後十二月になつて東京市會は市長不信任を決議し、現實の重大問題となつた。公權的解釋は未だ從來の見解を變更したことを聞かないのであるが、實際上の成行は私の立場とも相一致し得るものである。私は事件の後に東京市會に於ける不信任決議を研究したので參照の便宜の爲に、前論を再錄することゝした。

五、澁澤翁に關する三章の論文は、澁澤翁を中心として、帝都自治の萠芽の時代を研究し、公營事業創始の狀況を按じ、地方自治の實際の運用を尋ねたもので、之に關聯して眞の名譽職の意義を思ひ、眞の自治功勞者を敬仰する等、地方自治の沿革的研究として多少意を用ゐた積りである。滔々たる形式論法律論に依る自治研究よりも、如實に地方自治の實質を會得する必要があると思ふ。此等の諸篇は此の點に於て讀者諸君の御批判を仰ぎたいのである。

六、本書の後半は東京市政を管掌してと題したが、私が二十數日間東京市長の職務を管掌したことに關聯するものである。私は職務管掌の終了後市政の監察を試みたので、之に次で東京市政監察の結果を書いて見る腹案を立てたが、都合に依つて監察を中絶した爲見合せとした。私は所謂地方自治體の監督又は事務監査のやり方又は結論に付て、多大の疑念を有つて居る。郡長廢止後の府縣廳地方課勤務地方事務官を如何に有意義に有益に活動して貰ふべきかも、之に關聯して常に念頭を去らない。東京市政は有らゆる方面から批評論議の題材とせられ、改善刷新の必要も頗る多いのであらうと思ふ。之を監察しても私は早急の結論を避けたいのである。單なる書類の上や處理の形式手續の調査には、多くの意義價値を置き得ないと思ふ。私は此の故に市政に對しては、從來の內務省の監督や監督上の通牒に依つて、市政の利弊を知るよりも、ビーアド博士の市政に對する意見と堀切さんの市長職務管掌中の市政觀竝に後藤市長の東京市政に關する意見書が、最も參照すべき價値と必要あることを思つた。東京市には監査課がある、財務の點から人事の點から又は一般事務の點からは、財務祕書文書の各課がある。此の四課を中心とし其の組織的な分擔輔佐に賴つて市政各部面を調査研究したならば、私は多少得る所もあらうかと考へて居つた。但し此等の腹案は目下の所單に腹案に止めて實現するの見込が無い。

七、私は職務管掌を好期として東京市政に對する私の研究調査を纒めて見やうかとも考へたが、私の從來の研究調査は主として東京市政を中心としたものであり、『都市行政と地方自治』『都市計畫と道路行政』は、其の大部分が東京市政研究と題して差支ないのであるから、今更別に纒めることもないと考へた。唯都制の問題市域擴張の問題は、從來考究を怠らないのであるが、未だ曾て論及したことが無い。腹案と意見の熟するを待つて何等か書いて見たいと思つて居る。

八、たとひ短かい期間にしても、東京市政を燮理すると云ふことは、重要な事であり男子會心の事である。而も私の職務管掌をした期間は、東京府會開會中であり、私の本務としても最も大切な時に當るのみならず、府廳市役所共に年末の增俸期賞與決定期である。況んや市の昭和三年度豫算編制期であつて、主要なる方針政策は勿論改めて市長就任の後決せられる譯であるけれども、市役所としては一應の豫算編制を進めなければならない。私は豫算査定の大任も職務管掌として爲すべき範圍に於て、最善の努力をして豫算編制進行中の狀態を以て引繼ぐことゝした。

九、私は多年東京市政に直接間接關係をして居り、出來得る限りの研究調査を爲し來つて居る。今後に於ても市政の將來に對して、研究者とし一市民として痛切なる關心を感ずるものである。私は公には所謂事務引繼の形式を以て任務を終るのであるが、私の職務管掌の經驗と、市政の刷安定市政の新財政の復興其の他市政に對する若干の感想は、單に私一家の記念として思ひ出の種となるのみならず、少數の人々にも何かの機會に於て申上げて見たい感がする。或一部の人々へは之が却て引繼の意義をなすかも知れない。私の見る所が識者の一顧を期待し得るか否かは知らない所であるけれども、市政に關する無數の意見の中に在つて、多少の創見を持つて居ると信ずる。賛否は別とし市政當路者市政に興味を有せられる人々に、多少の參考となり得るかと思ふ。

十、私は本稿の大部分を職務管掌中に書いた。其の後の市政の安定を見ては、私の意見に何等の變化はないが、發表の形式乃至時期に多少の遠慮の必要がないか知らと云ふ氣がして來て、不穩な文字を避けることゝした。最早再三讀み返して見ても不都合はないと信じ、何等迷惑を及ぼすこともあるまいと思つて、愈々出版させることゝする。

十一、私は何時の間にかブツクメーカーになつた嫌ひがあるが、官吏をして居るからと謂つて、謂ふべき事や研究調査の結果は、之を發表して何等差支はあるまいと思ふ。既に發表した意見論策は出版を引受ける物好きな人のある限り、公刊して見たくなるのは止むを得ない次第である。爲に知友先輩に厭倦の感を懷かれる位は甘んずるとして、思はぬ方面に迷惑を及ぼすこともないではあるまい。併し又思はぬ所に多少の共鳴者同志の士を見出すことは、ブツクメーカー獨特の喜びであつて忘れ得ないものである。私は贊否何れを問はず私の見解の反響を聞くことを喜びとする。私は本書に引續いて警察關係の私の論策を集めて公刊することも企てて居る。聊か辯解の爲に水野博士の言葉を引用して、自ら慰め自ら勵ますことゝする。

昭和戊辰五月　芝山内官舍に於て

著者識

『苟も責任のある地位に居つた以上は、其事項を熱心に研究して、之を後人に示し後世に遺すだけの抱負を有つて居らなければならぬと考へるのである。唯一時の仕事のみをするのが決して官吏の能でない。毎日印を捺して其日其日の出來事を整理するだけではいかぬ。是も固より必要なことでありますが、それと同時に永遠の考を以て、十年二十年の計畫を立て局に當らねばならぬことゝ考へます。例へば警察に關係ある方は警察を殆ど終生の仕事として考へる位に思つて戴きたい。其他地方の事務に關係する者も其通り、詰り其地位に安んじて他に心を奪はれないで、官吏は國家の神聖なる事務を行ふものである。國家の最も重大なる職務を執つて居るものであると云ふ考を以て、一意專心之に當つて、若し出來得べくんば自己の爲した經歷、若くは將來に對する施設等に就て後人に示して恥かしからぬ成績を遺して、之を書物に著して戴きたいと思ふ。少なくも斯る考を以て行政の事務に御互に當りたいと考へるのであります。』（水野博士論集三四四頁）

地方自治と東京市政 目次

前編　地方自治の研究

後編 東京市政を管掌して

第五章　東京市長職務管掌日記

地方自治と東京市政

菊池愼三著

前篇　地方自治の研究

第一章　所謂地方自治體の經濟化

一　經濟化の意義

近來地方自治又は自治體の經濟化と云ふことが唱道せられる。經濟化と云ふ言葉は未だ熟したるものではない、多少異樣な音韻を持つて居り新聞造語の生硬な感じを免がれない。けれども私は今其の詮議立てをしたり、其の內容範疇を考へて居る遑がない。私も時流を趁うてボンヤリ所謂經濟化の思想又は之に基づく傾向に從つて私の研究と所見を展開して見たいと思ふ。地方自治體をして一層財政經濟に交涉する各種の施設を講ぜしむる方針と云ふ位に外ならない。私は最初に地方自治體と各種産業自治體との關係を考へて見たい。一般公共團體たる地方自治體の外に、經濟産業方面に付ては國家は特別法令を以て夫々の部門産業自治體を認めることが、從來のやり來りである。商工會議所から農會畜産組合漁業組合水産會森林組合山林會同業組合産業組合住宅組合移住組合重要輸出品工業組合輸出組合耕地整理組合等が其の例である。尚此等の團體の上下階級があり、聯合會があり中央會がある。從つて經濟産業の方面は普通公共團體の職分の領域外に在るかに見える。經濟産業方面に付ては努めて私經濟の主體産業當事者の自治に一任することが望ましいと云ふ思想に基づくのであらう。

二　産業組織社會組織の問題と經濟化

私は將來に於ける産業組織は極めて重大なる問題であることを思ふ。所謂勞資の關係の調節が如何なる機關組織如何なる順序方法に依り解決されることが望ましいかは、簡單に約説し得べき事ではない。此の場合に於て國家及地方自治體は主として消費者側の一般利益を代表する者として、其の任に就くべしと說く者もある。勞資の爭は生產界に於て對立して居り一般消費者は國家又は地方自治體として善處すべしと云ふのである。當面の社會問題は專ら生産界に於て資本家側と勞働者側（特に其の團結したる勞働團體）との間に、熱度が昂まつて行き波瀾洶湧することもあらう。此の際に一般消費者の立場は國家及地方自治體の任務として、生産界の爭鬪を緩和し利害を調節して一般消費者の利益を擁護すると云ふのであらう。蓋し生産界に於ける勞資の爭鬪が特に目立つて來た關係上、本來生産界即勞資二階級も當然包有せられる國家公共團體が、單なる消費者團體たるかに見られたのであらう。此の如くして將來の勞資爭鬪の解決社會全體の利福増進の爲には、現在の國家及公共團體の組織の外にギルドの組織を必要とすると論ずる。或は地方行政組織も此の如き將來の發達を豫想して改造を講ずべしとする者もあらう（例へばコールの將來の地方行政）。私は地方自治體の經濟化の問題を此の如き思想と關聯して考察すべきであるか否かを疑ふ。現在の如く産業經濟方面の任務を所謂産業特別自治體に一任して、一般地方自治體の職分を局限することが、勞資問題の將來に好都合であるか否かも私は知らない所である。唯地方自治體の經濟化の問題を餘蘊なく解決する場合に於ては、遠き將來に於ける社會組織の問題とも關聯し、ギルドソーシャリズムの徒の主張と相接觸することもあらうと謂ひたいのである。但し當面の所謂經濟化は勿論此の如き見地から考究することは、多くの主張者の豫期しない所であらうし、私に於ても差控へるが至當であらう。

三　各種の產業特別公共團體

經濟產業方面は努めて私經濟の主體產業當事者の自治に一任し、同業者組合の組織制度特別公共團體を認めるやり方は、幾分諒とすべき點もあるが、根本の缺陷は行政各部の割據分立の弊に在る。一局部の利害に偏し、地方行政の大局を忘れ、或は各團體の職分の重複となり、或は無用なる事務費の增嵩となる。徒らに組織體系の整備に是れ急であつて、地方公益の實質的效果は沒却せられる嫌なしとしない。之を我行政の實狀に見ても一般自治體に付ては、郡制廢止郡役所廢止に依る行政組織の簡易化に付ては、多年の論議多大の努力を拂ひ犧牲を忍んで實行しながら、郡農會其の他郡單位の產業經濟團體は風馬牛相關せざるが如く、舊態依然たるものである。市町村に對しては或は地域の擴張或は廢置合併に、甚大なる努力を拂つて實力の充實成績の改善を圖つて居る。然るに各種產業團體は其の歲計豫算を見、其の事業を見て、僅に紙上に形骸を存し存立の意義價値の疑はしきもの所在皆然る狀態である。單に之を各種產業部門の行政から見れば、全國に亘つて數萬を以て數ふる團體組織を見て、整然たる組織系統を成し、特殊產業の公益進步を圖るの手段亦遺憾なしと思はれるであらうが、無意義無價値なる形式行政であつて、實質的に見て利害を打算して殆ど利益を見出し難い實狀である。私は今全國市町村數と是等各種產業公益團體數とを比較する餘裕を有たないが、地方公共事務の簡單なる農村に於て、徒らに各種の產業團體を併立せしむる現制度は、行政の發達進步地方民實負擔の見地から見て、相當改善の餘地があると信ずる。此の見地から所謂產業特別公共團體併立主義を改正し、地方自治體をして產業經濟方面の活動にも當らしめて、特別公共團體の職分をも兼ぬることを得しめると云ふことは、所謂經濟化の主張の主眼點として相當考究すべきものであらうと思はれる。唯形式行政の風潮は多年の慣例であり、外觀に於ては體系整然たるものがあるので、之を改造し一部を地方自治體をして兼ねしむるの途を開くことは、各部行政當局者は容易に承服しないであらうし、且は急激なる變動を避けるの意味に於て、不徹底なる妥協的解決も亦止むを得ない事もあらう。私は此の點に付て尚實行的な成案を有しないのである。

四　地方自治體の公營事業經營を否認する思想

此の如く私は地方自治體の經濟化を講ずる必要を生じたのは、行政各部の割據分立に原因すると見るのであるが、一面に於て地方自治體の行爲能力職分を局限し又は極めて狹義に解釋し、産業的經濟的行動を掣肘し禁壓した從來の弊風を指摘せざるを得ない。私は豫て地方自治權の擴張的解釋を主張し、行爲能力事業能力に就て從來の公權的解釋に服するを得なかつた。私は地方制度の根本として地方自治體の存立目的たる所謂公共事務に對する從來の公權的解釋を不當であると多年主張し來つたのである。私が内務省地方局府縣課に見習をして居る頃、大正二年の春優良町村表彰調査の爲宮崎縣高知縣に出張した途次、當時我が國唯一の村營質屋宮崎縣南那珂郡細田村の事績を調査復命したことがある。

同村は飫肥の町から遠くない所の漁村であつて漁民相手の質屋經營は、當時尚ほ開業後日が淺かつたが前途の成績良好なるべきが如く見受けられた。當時の思想は町村の質屋經營は公共事務に屬せず純理よりすれば同村は自治權限を超越した事業を經營するもので不都合であるが、姑らく默認して置くと云ふ見解であつた。私は此の思想に服するを得ないので、市町村の實情に鑑み公益上の必要より出づる質屋事業が公共事務に屬することは寧ろ當然であると考へ、所謂公共事務の在來の考へ方を一新すべきであると云ふ趣旨の復命書を書いた記憶がある。私は此の問題の記憶が次第に薄れて居つた處が、數年前其の後地方局の見習であつた友人某君（社會局書記官）が、私の復命書を一讀して多少の興味を感じたと謂つて此の問題の記憶を新たにした。爾來十數年社會政策施設としての公益質業の必要及意義價値は、特別法の制定となつて爭はれない事柄となつた。或は尙特別法あるに依つて初めて市町村は質屋を經營し得るのであつて、市制町村制當然の行爲能力では無いと主張する者があるかも知れない。守舊移らざるの偏狹は濟度し難い感もする。

五　所謂營造物の觀念と公營事業

或は又農業倉庫を施設するに付て、若くは電氣事業を經營するに付て之を營造物と觀念して初めて市町村の事業たり得る。市町村は倉庫事業電氣事業を經營し得るものではない、否營利事業は市町村の經營し得ない所であるが、市町村民の使用に供する所の倉庫設備電氣設備を爲し、之を使用する者から使用料を徵することは自治制の認める所であると云ふ公權的解釋がある。所謂公共事務は營利事業と必然的に相容れずとするのである。諺に耳を掩うて鈴を偸むと云ふが、事實營利事業と實質を等しうするものも、特に營造物利用の觀念に依つて僅に之を認めやうとするのである。誠に窮屈な公共事務の先入主見であつて不自由の程察し入らざるを得ない。民法に於て公益法人營利法人の區別は其の目的とする事業に在るのではない。公益法人が質屋事業の如き倉庫事業市場事業の如きを施設する場合に於ても勿論採算上利益あること若くは損失の少なきことを期する。地方自治體の事業經營も有利なる成績を擧げることに努めることは當然である。營利法人の本質は單に社員の利益配當を目的とする所に在る。現今の經濟狀態に於て電氣瓦斯上水等の供給事業の經營振如何は公益上重大なる關係を有する。又大都市に於ける食糧供給の途も公益上の見地から施設すべき必要がある。小賣市場は多くは單に設備を爲して貸付け、各營業者を監督するに止まるのであるが、直營日用必需品小賣市場經營も何等差支は無い。財團法人東京府市場協會は東京府營の形式を避けたに過ぎないものであるが、其の經營する公設市場に於ける全事業の約半分位は直營に屬するのであるが、一年間の賣上高は約五百萬圓の巨額に上る。社會の狀勢は地方自治體に依つて各種の新施設を要求し、公衆食堂の經營に依る飮食物の販賣（之れも事業は或は請負或は委託とし直營せざるものが多いが、直營の例も無いではない）、公衆浴場の施設に依る湯屋營業、簡易宿泊所の施設に依る宿屋營業、授產場施設に依る手工業等次第に範圍を廣めるに拘はらず、營造物行政以外に法理上の根據を求め得ないと云ふことは甚だ物足りないのである。其の極此等の新施設を白眼視し掣肘禁壓を加ふるの傾向あることは、不當であり不都合であり、時務の趨勢に盲目なるものである。頭腦改造の必要があることを痛感するのである。

六　基本財産の造成と町村の漁業、林業

市制町村制に於ては市町村の基本財産の造成に意を用ゐ、鋭意努力し來つたが其の成績は誠に不振と謂はざるを得ない。在來の地方公有財産の最も大なるものは山林であるが、部落有林野の整理町村統一の方針は、却て公有財産減少の因を成した。私は明治四十年代に於て力強い部落有財産整理統一方針の主張を見て以來、多大の勞力と犧牲と紛糾を經て各地に行はれ來つた事績と、尚將來に於て整理統一せらるるであらう所の事績を豫想して見て、叨りに町村の一部の行爲能力を局限し、叨りに町村の統一を企圖し、無暗に部落法人格に壓迫を加へて來た從來の方針に多大の疑念を懷く、部落有林野の整理統一の主張は餘りに町村統一の形式的な主義に囚はれて、眞の經濟的利用の見地を遺却した嫌がある。部落有の儘として

の林野利用の途を杜絶せんとするかに見える在來のやり方は甚だ思慮の無い感がする。市町村の財務に關する市制町村制の規定は、基本財産の規定に次で舊來の慣行に依り住民中特に財産營造物を使用する權利を有する者あるときは其の舊慣に依る旨を規定し、林野漁業權等の如き場合を豫想して居るのであるが、舊慣に依る財産使用殊に經濟的利用收益の方面に於て、此等の條項が活用された事例を知らない。市制町村制は徒らに區々の適用を見、形式解釋の煩に堪えなかつたが、眞に住民の利福を增進すべき經濟的財産利用收益の事例は殆ど尋ぬるに由も無かつた。此の方面からも所謂經濟化運動の必要及意義は甚大なるものがあると思ふ。漁業權に付ては舊慣は市町村又は市町村の一部落に歸屬すべきものが、特別公共團體主義に基づく方針に依つて漁業組合に奪はれてしまつた。顯者なる例外は靜岡縣下の賀茂郡白濱村及田方郡網代村の事例を記憶する。白濱の石花菜漁業權は村有であり、村民の採取した石花菜は全部村に於て買上げ、村は之を一手に販賣して年額十數萬圓の利益を擧げて居つた。村は莫大なる基本財産の蓄積を爲し、村税を課せずして公費を支辨するを得るのみならず、村營石花菜販賣利益を各戸に配當するの有樣であつた。尙伊豆の海岸には石花菜に依つて利益を擧げる部落の例が幾つもあつた。但し私の調査は十年前の事であつて近頃の事では無い。網代村は鰤大謀網漁業權を享有し、其の貸付に依つて巨萬の收入を得て、村費を支辨して餘りがあるので之れ亦各戶に配當して居つた。村税は勿論課せざるを得るのであるが、地租附加税のみは課することになつて居つた。此の如き經濟價値の多大なる漁業權の例は少ない事であらうけれども、全國市町村に付いて漁業權の享有を認め市町村の經濟化を圖り來つたならば、市町村基本財產の造成や市町村住民の經濟力增進は一層見るべきものがあり、町村制第八十九條第九十條の規定が活躍したことであらうと思はれる。農村漁村の振興問題とも極めて重要なる關係を有することである。

七　市町村の鹽專賣煙草專賣信用組合と市町村公金

市町村をして鹽專賣煙草專賣の機關たらしめよと云ふ主張は、故安河内內務次官が靜岡縣知事の當時から主張せられた宿論である。大藏當局は市町村の經濟行爲の能率如何を疑つて反對し來つたのであるが、我が國市町村が何時までも無經驗であり能率低きものであり事業成績の劣るものであらうとは私は信じないのである。從つて私は主義として市町村を認めずと云ふが如き主張は無意義であり、市町村の中にも之を選擇し取捨するの途が存しはしないかと思ふ。又市町村は產業組合を金庫とすることを得しめよと云ふのが、安河內靜岡縣知事の主張であつた。現行の產業組合が單に市町村の公金を預かることを得る旨の規定のみを有して、少しも市町村へ融通する途を開かないことは不都合である。

產業組合制度の本旨に鑑み市町村公金は、或は金庫事務として產業組合を當らしめ、或は餘裕ある公金を預入れて組合事業を助成することは最も適當の事である。然るに、市町村も亦時には支拂の爲の一時資金を要する。產業組合法が公金預入のみを規定し、市町村に對する貸出を認めざるが故に、止むを得ず市町村は普通銀行に資金を求める。其の結果は公金の餘裕あるときも之を產業組合に預入れないで、必要の場合には借越をなし得る普通銀行と取引する狀況となる。之は現に東京市隣接町村の當面せる問題であつて產業組合法の不備である。市町村の經濟化の主張を十餘年前から力說せられ愈々其の機が熟したので大に其の實現に努力せられたであらう所の故安河內次官を失つたことは、本問題の爲に遺憾の至りであつて、故人の風格を追憶せざるを得ない。

八　市町村を組合員又は株主とするの方法

現行の産業組合法が市町村に對する貸出を認めないが爲に、私は市町村が產業組合に組合員として加入して、組合資金の融通を受ける途を開くことを主張した事がある。法律は法人が組合員たることを禁止して居らないのであるが、自然人のみに限ることが產業組合の本旨であると云ふので、私の主張は通らなかつた。產業組合法の缺陷は早晚改正せられることであらう。私は尙市町村が私法人の社員となる事例を考慮したい。農工銀行の株式を府縣市町村が所有し得ることは、農工銀行法の認むる所である。又確實なる有價證券に市町村基本財產積立金等を換價利用し得る關係上、確實なる株式を所有することは一般に認められて居る。

併しながら一步を進めて新たなる事業を起すに當つて、株式の大部を市町村が引受けることを認めるか否かは從來の實例を知らない。理論上市町村が株式引受の形式に依る企業參加を否認すべき理由がない。私は將來例之地下鐵道の如き事業經營に當つて、市營民營の中間に於て混合的經營形式として、獨逸人の所謂混合的經營 Gemischte wirtschaftliche Betriebe が此の方法から漸次に發達すべきものであらうと思ふ。

九　市町村の公營事業の成績

將來市町村の公營事業は大に擴張發達すべきであると謂はれるが、私は其の歩武の遲々たるを遺憾とする。東京市が曾て計畫し豫算を計上した街頭廣告施設事業が尙實行されないのはどういふものであらうか。公企業と雖勿論企業家としての創意を必要とする。保守的な常套の俗務以外に工夫改善の能力なき者には、公營事業を創始し經營することが望まれない。全國的に市町村の公營事業を指導し、各地の施設成績を蒐集交換するの機能組織を缺いて居る。私は昔有吉さんが千葉縣に宮崎縣に斷行せられた縣營輕便鐵道の成績如何を知らない、高知縣富山縣等の縣營電氣事業、各地の郡營の事業乃至は熊本縣の郡築村及縣營埋立事業の成績如何を知らない。現在の內務部內には公共團體の經濟的活動の成績を一覽するの途もない。區々たる形式監督に齷齪するを知つて、公營大企業の實績如何を達觀し、公營事業の將來を按じ社會公益上の見地に立つ所の、大局高所よりする識見は尋ぬるに由もない。或は又我が國各種公共團體は可なり多數の筋肉勞働者又は下級從業者を有して、傭主資本主の立場に在るものであらうが、之を一貫して如何なる勞働者從業者の處遇を爲し、相互の關係は如何なる立場に在るであらうか、國家公共團體は勞資の關係生産界の階級闘爭にも、模範的態度を採るべきものであらうが、如何なる對策方針を持して居るのであらうか。健康保險の關係の如きも公共團體の關する範圍は相當に多いであらう。私は此等の方面に付ても一層注意すべきものではあるまいかと考へる。

十　市町村の財産管理

私は市町村の財産管理の改善を提唱したこともある。市町村の土地政策殊に公有土地を多くすることは重要なる問題であるが、東京市の所有する土地の貸付の例に見ても、公有土地の管理には缺陷歴々たるものがある。市町村營の住宅の管理も亦市町村の不利を將來する虞なしとしない。叨りに社會政策又は公共團體の施設たるに泥んで、主張し强行すべき權利の行使を怠り又は之を緩にするの弊風滔々たるものがある。公有土地家屋に占居する一部の者に依つて全市町村の公益は害せられんとする虞がある。

市町村の監督が何故に此の根本に觸れることを忘れて、形式末節に拘泥し彷徨するかを私は怪しむのである。府縣市町村の資金を死藏し、又は無意義に國債に換價し若くは預金とするに止まることを改めて、之を地方事業資金に活用することは多年私の主張する所である。全國公共團體の所有する建物火災保險を經營する主張があることは、私の喜ぶ所である。全國町村長會の案の外にも、私は東京市及十五區の共濟制度と同樣に、例之東京府下市町村組合に依る自己保險共濟制度を採るの途あることを知つて居る。相互保險會社の形式又は特別法律を見るまでの簡易なる手段としては此の方法も可なりと考へる。私は經濟化の見地から考究すべき題材は尙甚だ多いと思ふのであるが、一應此の邊で打切らうと思ふ。ところで產業特別團體の項に書き遺した事を補充して置きたいのであるが、產業各部の團體行政は一般自治行政に比して遙に官僚式であり煩瑣である。役員認可制度は單に理事機關に止まらず評議員の如きに及び、豫算認可賦課徵收認可等殆ど應接に遑がない。一般自治制に付て連年改正し來つた事柄を知らぬ顏で、各產業團體行政は平然として煩瑣苛察無意義なる形式行政を事として居る。行政の不統一各部割據の弊害を見る。

第二章　地方財政權の解放

一　中央財政の方針と地方財政の方針との關係

地方分權の徹底及自治權の擴充は、地方財政權の解放に在る。私は從來地方財政權が中央財政の爲に如何に壓迫を加へられ、如何に犧牲に供せられたかを痛感せざるを得ない。勿論中央の財政當局が其の抱持する財政々策財政方針が、徹底的に遵守せられ遂行せられんことを切望するは當然の事である。中央の財政當局者は必ずや其の際に於ける我國策廟議を定めるのであるから、國內の一切の財政金融產業の各方面に亘つて其の方針に一致することを期待することは、私は大に諒察して然るべきものと考へる。

併しながら之が爲に財政監督權を利用し、地方當局者の意思に反し、地方自治體の痛切なる要求を阻止するが如きことが、當然に許さるべきものとは考へないのである。中央の財政當局者は、或は政府と特別の關係に在る特殊法人、或は政府の嚴密なる監督に服する特殊法人をして、政府の財政方針の忠實なる遵奉者たらしめ樣とするは勿論、地方公共團體の財政方針にも干渉し、苟も利用し得べき監督權は、中央財政方針貫徹の爲め利用し盡して悔いざらんとして居る。元來地方財政の監督の目的は地方自治體の爲に存するのか、中央財政の爲に存するのかを疑ひたくなる。中央財政方針は何處までも中央財政方針である。中央財政當局者が中央財政方針の貫徹を期するの餘り、地方自治體自體の爲に存する地方財政監督權を利用し之を强行することは、固有の使命を有する地方財政の甚しく迷惑とする所である。言ふ迄もなく地方自治體は夫々に財政狀況を異にし夫々に地方的需要を異にして居る。

中央財政の緊縮主義、中央財政の行き詰まりの結果たる非募債主義が、直に全國各地方自治體に適用せらるべき筋ではない。中央財政の主義方針否財界經濟界全般の事情は、勿論地方財政に於て考慮の中に加へらるべきは當然であるが、之が爲に地方財政權に無理解にして杓子定規の干渉監督を加へることは不當であり無用である。英人は地方起債の監督方針又は、監督の目的は、健全なる財政方針を確保し且後世子孫の利益を擁護するに在ると云ふ。to secure sound finance and to safeguard the interests of posterity 私は地方財政の監督は此の兩目的を達するならば、十分であつて且必ずや此の兩目的は嚴守せしむべきであると思ふ。

二　地方財政固有の目的

私は英國や獨逸の中央財政當局者が、常に地方財政の膨脹地方債の增加に對して、之を沮止抑制すべき必要を力說し、中央財政方針に對し地方當局者が十分なる諒解を爲し、且之に共鳴せんことを訴へて居る事例を見る。

蓋し中央財政の方針は政界に於ける批判是非の目的たるべきは勿論、其の利害に密接なる關係を有する一般財界事業界に於ても或は歡迎し或は喜ばない事もある。地方財政も亦一般事業界と同樣の立場に在る。殊に公營事業の場合に於ては全然同樣である。中央財政當局の地方財政當局に對する態度は、中央財政の現況及將來に對する方針に鑑み、財界事業界の形勢に顧み適當の針路を採るべきことを勸告するに在る。

更に一般的に不景氣の場合に於ても、公共團體は必ずしも其の事業を手控へにすべき筋のものでなく、却つて所謂產業豫備軍の繼續維持の爲に、所謂失業救濟失業防止の爲に、將又永遠の利福社會的平衡の爲には、却つて不景氣の場合に於て事業經營を企畫する必要がある。

一國全體を達觀し、多年に亘る利害の打算の上から觀て、且又、事業自體の採算からしても公共團體は必ずしも、所謂緊縮消極の事業方針を採るべきものではあるまいと思はれる。かるが故に、私は就中急激なる膨脹發展を爲しつゝある、大都市及隣接町村の公共施設に付ては、一般地方財政の消極方針を以て、當を得ざるものと考へて來た。都市の經營施設は、我が國現下の實狀は何れも遲れに遲れて居る。之れを單なる財政的利害の打算から見ても、一日を遷延すれば事業費は一層增大して來るので、一日も早く起債財源に依つても、之を遂行することが、有利であることは論を要しないのである。

英國の都市に於ては、起債額の多少は都市經營施設の充分不充分を示すものとされる。起債は卽ち都市改善の投資を意味するのである。獨逸の或市長は市債の多少を論じて、現下の都市行政に於て市債の無きこと乃至其の額の僅少なることは、市當局者の無能を意味する。都市の永久的利福の增進を圖るの施設經營の貧弱なることが、端的に市債額の僅少を意味する。都市の負債は其の僅少なるを誇るべきでは無い。都市の任務たる施設經營の擧がらざるを憂ふべきであると云つて居る。勿論放漫なる施設を許すべしと云ふのでは無い。確乎たる財政計畫を有する所の永久的の利益を來す事業は、叨りに之を施設するに躊躇すべきものではない。結局遂行せられねばならない、結局施設せられることを豫期し得る事業ですらも、所謂地方財政の監督官廳が遲疑逡巡し、理由なく說明なく方針なく責任回避地方事業沮止の態度を採るは不可解至極である。

三　地方債許否の立法

私は地方債許可權が內藏兩大臣に屬し、內務省先閱の形式ではあるが實際に於て大藏省殊に理財局國債課に專屬するかの如き現狀を改むる必要があると思ふ。多くの場合に於ては此の起債許可權を地方長官に委任すべしと謂ふありふれた主張で足りるのであるが、私は巨額なる起債例へば起債額一千萬圓を超ゆる地方債の許否に付ては、之を內藏兩省の處理に一任するに滿足せずして法律を以て規定するの取扱ひを主張したいと思ふ。私は一千萬圓以上の地方債の許否の問題は、現在の如き處理振に於て內藏兩省の各局各課の判斷審査に待つには、餘りに大きに過ぎると信ずる。從來及現在の取扱は此の故に數年に亘つて依違逡巡決せざるの實情である。帝國議會に法律案として例之、大阪市都市計畫市債法案東京市地下鐵道市債法案等を提案する。恐らくは政府提案が望み難いであらうから市の依囑に基き市選出各派代議士の提出とする。巨額なる地方債の起債議決は、地方議會に於ては多くは滿場一致であり、然らざるも極めて大多數の可決であるから朝野各派の一致して支持するのが當然であり且事實であらう。委員會の審議を經て衆議院を通過し貴族院に廻付されて可決を見るの時間は、內藏兩省の局課を經由するの時間よりも遙に早いであらう。私は假令一都市一地方の問題であるとしても、一千萬圓以上を起債財源とする事業の問題は、我現下の各般行政中最も重要なる事案であると認める。之を現行制度の純理論よりするも一千萬圓以上の地方債許否は、之を重要なる國務として閣議を經べき筋合であらうと思ふ。而して各都市各地方の重要案件を適切に處理し、各都市又は各地方の永遠の利福に寄與すべき事業の根據を認めることは、我國現下最も重要なる時務の一つである。私は閣議の題材とするよりも、一歩を進めて帝國議會に於て地方債許否を討議解決するの一大新例を開くことを提議する。

府縣制市制町村制が、地方債許否を內藏兩省の許可を受くべしとするの規定と、新に法律を以て特別の地方起債法を制定することゝは、毫も矛盾扞格するものではない、帝國議會は其の固有の權限に依つて、地方起債法を制定し得るのである。英國に於ては所謂地方法案 Local Acts として、各都市特別の必要に基づく立法の實例が極めて多い。英國の成例に倣つて地方大起債問題を國策國務として解決し、各都市各地方の重大懸案を迅速に解決することは、地方行政刷新の見地から最も緊要なる方策の一であらうと思ふ。

四　地方財政の監督を嚴密にするの趨勢

私は地方債許否の方針が、如何にすれば上司の中央財政方針に適合し得るか、如何にすれば起債總額を減額し得るかに專念沒頭して、時には理不盡の減額更正許可を企てたり、時には名を調査に藉りて遷延を重ねる、官場の實際から見て主務課長主務課員の苦衷を察しない譯ではない。併しながら重大なる地方債の許否乃至は重大なる地方施設の認否は、內藏兩省首腦部に於て一層直接考慮せられたがよからうと思ふ。

私は地方行政の振興發達の爲に歷代當局者が、漸次地方委任の方針を採り、或は之を不要許可事項とし、或は地方廳の許可に移し、一般行政に付ては出來得る限りの地方自治一任の方針を實現したことを以て滿足するものであるが、獨り地方財政權に關しては制限壓迫の減ぜざるのみか、時として却て新に許可事項の增加することを以て遺憾に堪へなかつたのである。此の故に私は先年內務部長會議に於て、地方稅法施行に關する命令案に付て、餘りに監督官廳の許可事項が多く地方團體歲入豫算の各款項に付て、殆ど許可事項に屬せざるものがない狀況に對して、之れを全然根柢より立案方針を改むるの必要を述べたのであつたが、地方稅法施行の過渡期に於て、地方費膨脹を制限して、地方稅法の制定自體が、何等不良なる結果を來さずとする趣旨の兩院に於ける言質の關係等の爲、現在の施行令施行規則の制定となつた。私は府縣家屋稅豫算額に關する取扱振りに鑑み、或は無數の許可事項の爲地方財政の煩雜に堪えない實情に顧み、進んで地方自治發達の趨勢より考へて、現行施行令施行規則に付ては、極めて近き將來に於て多大の改正を加へらるべきものと期待する。私は當時新地方稅法が一般府縣に在りては、府縣の財源を窮屈にし市町村の財源を豐富にするの狀況を以て、市町村の發達の爲好ましい傾向であらうと考へたものである。併し都市殊に大都市に於て各般都市經營施設の急を告ぐる今日に於て、所得稅附加稅の課稅權を制限して財源を減少せしめたことは、全國劃一主義乃至租稅體系の理論に拘泥したものであつて、甚だ當を得ない事と思ふ。況んや都市計畫財源の擴張土地增價稅新設等の懸案の未解決の際に於て、都市財政權の制限壓迫は地方財政の發達に逆行するものである。更に都市に代つて財源を增加した府縣は必ずしも之を德としない、德とし得ない事情に在るのである。

五　地方債に關する根本方針の確立

併しながら地方税制の問題に關しては、私は姑く詳論を避ける。殊に夫は田中學兄の領域に專屬する。私は寧ろ都市又は地方團體の臨時收入永久的投資、永久の利福の爲にする事業資金の方面を考究したい。都市又は地方團體の經常の各種施設は、勿論直に日常の利害福祉に影響する重要なる關係を有するので、其の成績の良否取扱の適否等に付き終始改善の工夫を必要とする。併しながら急激なる時運の進展と人口の增加と生活狀況の變遷に伴つて、都市都市郊外町村其の他地方團體に於て臨時投資的特殊施設を必要とする。私は曾て之を市町村の構成を規律し改善するの行政と名づけ、所謂世界的の都市計畫運動も之を指稱するに外ならないと述べたことがある。之を都市計畫法の用語を借りれば『交通衞生保安經濟等に關し、永久に公共の安寧を維持し、又は福利を增進する爲の重要施設』と謂ふことが出來やう。而して地方財政の理想は地方團體に潤澤な經常財源を與へ、其の財源を以て恒久的改善事業（Improvement）をも常時施設し得ることに存するのであるが、恒久的改善事業は概ね莫大なる資金を必要とする。之を其の時々負擔することは財政上容易でない。而も經常歲入を以て負擔し得る程度に事業を執行すると云ふことは、事業に依りて性質上不可能の事もあり、其の可能なる場合にも不經濟不利益を來して得策でない。或は又起債を避けるが爲に積立金をして、相當の年限を經て後其の積立金を以て事業費に充てよと云ふ。併し之が爲には將來の事業を目あてに必要以上の課稅其の他の收入方法を講じなければならない、何れにしても無理が多い。私は强ひて起債を避ける理由及必要が判らないと思ふ。

公共財政は主要なる財源を公課に仰ぐのであつて、其の公課の負擔の均衡當を得ることを要する。稅制及其の運用は夫々當該年度の負擔の均衡を維持することを眼目とすれば、起債は現在と償還期間中の年度との負擔の均衡を維持することを目的とする。非收益事業の爲の起債は專ら起債年度から以後の年度との間の負擔の均衡を圖らんとするの制度である。之に對して私は或は起債年度に於ける事業費一部分擔の原則、或は元利均等又は均等に近き償還の原則、或は事業の效果と償還期間との關係等數箇條の原則又は方針を樹立し得ると思ふ。而して之が所謂財政計畫の健實を圖り、後世の負擔に累を來さゞるの途であると考へる。

私は起債を抑壓するに急であつて、之を許す場合の確乎たる方針が豫め立てられて居ない事を遺憾とする。收益事業債に付ては別箇の見地から專ら採算の良否如何が問題である。私企業の場合と異る所は無い。特殊の專門技術に依賴する事業や、或は事業の效果乃至事業の成功を左右する自然及人爲の影響に關する綿密周到なる判斷は、勿論私の豫想する所である。留萌築港債の償還問題は、當初からの徑路を明にして地方債將來の爲、覆轍を踏むなきを期する必要がある。水利組合耕地整理組合等の事業にも、設計の缺陷から又は災害其の他の原因から、投下資金の償還に困難を來した事例もある。或は又住宅資金其の他の社會事業資金等の轉貸が、將來に於て地方財政に迷惑を及ぼすの憂ひなしとしない例もある。借金は財政紊亂の根源であること、私經濟も公經濟も異なる所は無いのであるから、財政計畫の健實は層一層注意を拂ふ必要を認める。起債制限の緩和は起債する事業の財政計畫を健實にすることと兩々相伴ふべきものである。

私は徒らに起債を制限するが故に、而して豫算外義務負擔は起債に非ざるが故に、地方自治體が保證債務を負擔するの權限を有するが故に、往々にして起債に非ざる地方財政の將來の負擔の相當考慮を要するの例があることを知つて居る。或は地方自治體が他の團體又は個人に貸付する爲起債し、中間に立つに過ぎざるが爲に往々にして自治體自身の債務の如き感を懷かず、濫に流れざるやの懸念があることを知つて居る。或は又災害なるが故に、無利子利子補給低利資金等の供給に際し必要以上に起債するの弊風を知つて居る。豫め嚴密なる査定を豫期するが故に却つてツケカケをして要求額を過大にする。利子補給制度の如きも考慮の餘地ありと感じたこともある。要するに私は起債監督の行政が、外部的な干涉又は國の財政方針の盲從强要乃至は、地方的需要自治體內部の必要等に無頓著無理解な態度を改め、一層合理的な計畫的な地方債方針の樹立を以て、地方自治の振興地方事業の發達の上に急要なる事柄であると思ふ。

六　地方資金の供給、地方自治體の信用及金融

私は明治四十二三年頃から開始せられた郵便貯金を地方に還元するの方針、地方低利資金制度、次では簡易生命保險積立金の地方貸出が地方財政に多大の利益を與へたことを知つて居る。將來社會保險事業の進展と共に一層資金の供給は潤澤にならうと考へる。併し尙私は地方自治體の有する資金が相當巨額に上り、之を統一運用する必要及利益を痛感して先年來關係當局先輩等に進言して居る。私は獨逸の全國都市會議が資金仲介所を設けた事例を知つて居る。我國に於ても遠からず全國公共團體所有建物共濟保險が實行せられるであらうと思

ふ。（私は現行制度の下に地方自治體災害共濟保險相互會社又は建物共濟市町村組合の形式が採り得ないか知らんと考へて居る）自治體自身の手に依りて資金の統一運用を圖り、而して外債に依るの適當なる場合には、政府の保證の手段に依る信用增加利率遞減を圖る途があることを知つて居る。私は先年靜岡縣の縣有各種資金を市町村水利組合耕地整理組合に貸出融通する途を開いた經驗を持つて居る。

自治體の聯合自治體の協力自治體の資金の統一運用、建物の共濟保險起債手續の合同上級公共團體又は國家が市町村に對する保證（信用付與）に依る信用增加等、地方債問題と合せて地方事業資金の調達地方事業の發達振興を企圖すべき途は、多々存する樣である。其の他公營質屋は之を別とし公營貯蓄銀行の問題があり、或は之に代るの方法として全市に亘る信用組合の組織活用を見て居る。將來相當發達が期待される。此等の諸點は私は曾て詳說したこともあり、尚後日に期することゝして玆には單に言及するに止めて置く。

参照の一　地方債許否に關する堀切都市計畫局長の意見

地方債許否は地方自治體の立場より決すべきもので、國の都合を第一とすべきものではないと云ふ越旨は、私の一家言では無い、夙に堀切さんの主張せられて居る所である。『現在の監督の點に就て疑問に思つて居ります事柄は、例へば起債する場合に、唯今は非常に難かしい方針を執つて居ります。然し乍ら極く例外として、どうしても緊急已むを得ざる種々のものに對しては、特に許可せられる場合もあると思ひますが、其の許可不許可の場合に監督官廳としては如何なる頭で考へるのであらうかと云ふことを考へて見ますと、私共が市制町村制卽ち自治制度から考へたところでは、先づ第一に其の團體の爲に利益であるか不利益であるかと云ふことを標準にして監督をすべき筈だと思ひます。ところが實際に於てはさうでないやうな現狀であります。例へば財政に關しては內務大藏兩大臣の許可を受くべしと書いてありまして、之を許可するかしないかと考へる場合には、先づ第一に國の方から見て、何か國の方の仕事に差支を起しはしないか、國の方針と牴觸して一般の財政に支障を來しはしないかと云ふことを、第一に考へて監督して居られるやうに考へるのであります。是は私の考へではありますが、どうも間違ひではないかと思ひます。自治團體の監督である以上は、自治團體の爲に果して良いか惡いかと云ふことを標準にして、國の都合と云ふことは第二段或は第三段にして考へればよいのであるのに、先づ第一に國の利害關係の方からのみ監督をされることは、少し違つて居るのではないだらうかと思ふのであります。今後の自治制の進み方に就ては、さう云ふ風なところに進んで行かなければならぬのではないかと思ふのであります。』（內務省都市計畫局長堀切善次郎氏東京地方改良協會第七回地方改良講演集三三頁）

參照の二　許可認可の遷延遲滯の流弊に對する堀切都市計畫局長の意見

序に地方自治の監督地方自治體の重要なる活動に關する許可認可の處分の遷延遲滯を痛擊せられた堀切さんの意見は、私共の持論と全然相一致するので特に茲に引用させて戴く。『そこで市町村自治團體に對する監督と云ふことで申上げて見れば、先般後藤さんが招ばれたビヤード博士が此の點に就いて面白い觀察をして居られます。是は自治體の實務に當つて居られる方には、さういふ感じを有つて居られると思ひますが、兎に角吾々に對して非常に好い刺戟を與へて居られます。それはどういふ事かと云ひますと、許可認可等を上級官廳等に對して申請する事柄に就ては、慥か一箇月であつたかと思ひますが、申請を出してから一箇月間指令が無かつた場合には、許可したものと看做すと云ふ規定を置けと云ふことであります。是は突飛のやうでありますが、事實今日の最も必要な事を云ひ現はされたことゝ思ふのであります。此の席には市町村或は區などの下級官廳の御方も、亦郡役所や府廳の監督の方も御いでのことゝ思ひますが、博士は仲々よいヒントを與へられたものと思ふのでありますす。私は內務省に居りましても斯う云ふ事柄に直接與つて居る譯でありませんから、遠慮なく批評致すのでありますが、許可認可を申請した場合に、速く許可されないと、市町村の方では非常な損害を來して又不便を來して非常に困ることが多いのであります。何か或事柄の調査の爲に許可認可の申請が一ヶ月も二ヶ月も引つ掛かると、市町村の方では或は起債の時期を失するとか、或は課稅の時期を失すると云ふやうな非常な迷惑を生ずる場合が多いと思ひます。夫等の點に就て吾々が內務省に居て樣子を見て居りますと、別に怠けて居るのではない。仲々勉强して居るのではありますけれども、矢張り人と打合せをしたり、一の事柄に就て外の人と議論をしたり、外の局と打合せをしたり、上局の決判を受けたりと云ふやうなことで、一日二日は直に經つてしまふので、持廻つて判を貰ふのでなければ、中々三日や四日の間に處置は出來ないと云ふやうな狀態になつて居ります。動もすれば二週間掛り、或は一ケ月二ケ月を費すことは有り勝ちなことであります。さういふ點からビヤード博士は前のやうな意見を出して居られますが、是と同樣な事柄は外部の一般民衆に對する場合にも起つて來ると思ひます。誠に適切の注意であらうと思ひます』（同上三二頁）

第三章　地方自治體の構成要素

一　所謂行政實例の當否

地方自治體の構成要素と云ふが如きことは、行政法學上の基礎觀念の一であり、私共が今更に之を題材とすることは多少異樣な感さへするのである。屢々文官試驗などにも問題として利用し古された題目の一である。現に私なども明治四十四年の口答試問には、美濃部清水兩博士が試驗委員として、此の問題を中心として苦しめられたものである。而も私は此等の問題が左程異論のある問題とも承知しない。私どもも試問には行政法學上の定説を以て答へ又は答へんとしたに過ぎない。然るに其の後私は内務部内の官吏となつて、行政の實務に從事することゝなつて以來、定説たる行政法學上の見解が必ずしも官場に通用しないことを知つた。學校の行政法學の外に官場行政法學とでも謂ふべきものが存するのかと疑つた。行政上の先例定説は時に悖理であり、矛盾撞著を來す點があり、學理上の批判に堪へ得ない場合に於ても、實際上の不便を來し又は當局者が英斷を以て先例變更の擧に出づる迄は兎も角行政部内に動かし難い見解となり、各當路者を羈束する。年々專門敎育を受けた頭腦明晰なる俊才が輻輳し、其の最も優秀なる頭腦の持主が、多年參事官審査委員に選ばれる實狀の下に於て、省議先例が行政法學上の純理に適合しない嫌があることは、私には不可思議千萬である。學説と實際との睽離は何れかに誤りがある。行政の刷新向上を念とするものは、常に學理に適合する如く實際を改善する必要がある。行政判例の批判は中々盛であるが、更に一層行政實例の批判が肝要ではあるまいか。官場の先例の誤れるものを改め、學理正論に基づいて行政の實際を改善して行くが爲の、若干の論議は私どもに許さるべきことであると思ふ。人或は私を以て論を好む者と云ふ、或は成例定説に對して徒に異見を樹つる者と云ふ。寧ろ私は區々の論難を屑しとしないのである。私は法理の論議や觀念の爭議に成るべく參加しないこととして居る。尙私が無用の論議に耽るのであるならば、眞に之れ自ら悟らざる者であらう。併し兎に角私も時には若返つて行政法學上の基礎觀念を檢討して見た所で別に不都合もあるまい。

二　地方自治體の區域たる土地に關する諸問題

地方自治體は一定の土地を構成要素とする。私は地方自治體が其の區域に屬する土地を直接の目標として施設經營すべき部門の或るものに付て、曾て地方自治體の構成を規律し改善するの行政として多少の論議を試みたことがある。如何なる區域を以て自治體を構成するが適當なりやは、或は市域擴張問題、町村合併問題、大都市特別制度問題などゝなつて、興味ある領域である。都市計畫運動も此の見地から觀念することが出來るし、或は住宅政策不衞生住宅地區改善施設の如きも此の見地から考察することが便宜であると思はれる。此の如く見るとき始めて地方自治體の區域の問題が、基礎觀念論形式論から實質論内容論となり實際的に意義價値がある。所が私は本篇には單に形式論のみを題目とする。單に地方自治體の領域には公有水面殊に海面が屬するや否やを問題としやう。

三　帝國の領土權と地方自治體の區域

帝國の領土權に屬する地域であつて、地方自治體に分屬しないものがあるか否かと云へば、帝國は之を府縣に分ち、『地方ヲ劃シテ府縣ノ下郡區町村トス』と明治十一年第十七號郡區町村編制法に依つて、地方行政區劃が明定せられた。現行地方制度が府縣市町村は從來の區域に依ると規定して居るのは、溯つて郡區町村編制法當時の區域に依るの趣旨であり、更に郡區町村編制法第二條は『郡町村ノ區域名稱ハ總テ舊ニ依ル』と規定してある。自治制の施行に際して從來行政區劃たりし府縣市町村を其の儘自治體とし、自治體の區域と行政區劃とは相一致せしむるの趣旨であると解するが當然である。英國のカウンチーには、或は自治體としてのカウンチー、選擧區としてのカウンチー、舊來のカウンチー等の區別があり區域を異にする場合もあるが、我國に於ては、行政區劃たる府縣市町村は、同時に自治體であつて、其の區域に異同は無いのである。此の故に我國に於て地方自治制の施行せられて居る地域に付ては、地方自治體に分屬せざる帝國領土なしとする趣旨であらう。尤も國法學の上から見ても土地と領海とに付ては性質上多少の區別を認むべき理由があり、普通土地を問題とし領海は土地に附屬して領土權の及ぶ範圍なりと解せられる。地方自治體の領域に付ても普通は土地に付て考へられ（水面と雖私有水面私人の所有權の目的たるものは土地と見られて居る）、海面公有水面は領域中に計算せられない實狀であるが、之は敢て不都合と見るべきではあるまい。從つて滋賀縣の面積を計算するに當つて琵琶湖の面積が加算せられない、海濱の町村の面積に海面が加算せられなくとも不思議はない。府縣の境界に大なる河川が存する場合に於ては、河川の中心が兩府縣の境界とせられ、河川は兩府縣に分屬すると見られる。從つて沿岸兩町村にも分屬する譯であるが、實際上沿岸町村の面積に加算せられるか否かは不明である。利根川の下流或は霞ヶ浦等の町村境界は必ずしも理論的に處理せられて居らないであらうし、且必ずしも一貫された方法で取扱はれても居らない樣である。夫にも拘らず河川湖水等に及ぼす行政權殊に警察權漁業免許權水面埋立許可權又は裁判管轄等の點に付ては、大體疑義を容れる餘地がない樣である。

四　府縣市町村の區域と海面の行政管轄

海面に對しても水上警察漁業免許航路標識等の行政の實況、民事刑事の裁判管轄の例から見て、何れかの行政區劃司法區劃に屬するものと解するのが當然である。別段明文を以て規定してある譯ではない、府縣市町村の區域に依つて表示せられた區域が、當然に海面を包含すると解するのである。而して地方自治體の區域と行政區劃と相一致せしむる現行制度の趣旨から見て、同樣に當然自治體の區域にも海面が包含されると見るは當然の事と思はれる。此の如く見ることに依つて自治體が海面に在る物件（船舶）行爲（漁業）に對する課稅權を說明し得るのである。往年右の如き見地から地方制度の解釋上海面は一定の範圍に於て沿岸市町村に屬するものと解すべきであると云ふ趣旨を以て、山口縣から內務省へ公文照會があつたが、內務省は之に對して意見を定めず解決せられない儘に放任されてあつた。今日尙海面は市町村の區域に屬せずと謂ふ見解を持つて居る者もあるらしい。先年東京都市計畫區域を定めるに當つて、海面を加へるや否やが問題となつて、東京築港京濱運河等の施設を豫想し、海面を區域に加へるの趣旨を以て定めることゝなつた。之は例之東京市と表示した場合には海面を包含すると見るべきや否やが疑はしいので、之を包含するの趣旨を以て定め様と云ふのである。勿論此の點の論議のなかつた神戸市橫濱市等の都市計畫區域、從つて都市計畫事業が港灣施設に及ぶことを得ないと謂ふが如きことは、考へ得られない事である。尤も都市計畫區域は單に都市計畫の目標に過ぎないので、事業區域の趣旨ではないから實際の結果には敢て支障を來すものではない。

五　海面埋立地と所屬未定地編入手續

所が海面埋立地を以て市制町村制に所謂所屬未定地であるから、之を市町村に編入するの手續を履むべしとすることは、今日の有權解釋となり先づ一般に行はれる樣になつた。其の思想の發源は內務省であつて、地方府縣は當初必ずしも此の見解に從はなかつたのである。海面は市町村の區域に屬しないと云ふ前提を採り、新に埋立てられた土地は所屬未定地であると云ふ。而して熊本縣郡築村及岡山縣藤田村の如く埋立地を以て新に町村を設けた例もあると說明し來つたのであるが、郡築藤田兩村の例の如きは舊海面の所屬した町村から切離して、新に町村を設置するが爲に特別の手續を履んだのであつて、海面所屬町村に當然屬せしめる場合の例には何等關係はない。內務省の見解は明治四十四年の市制町村制改正に際して、所屬未定地編入の規定を置いて以來固持して來、漸次之を地方自治體の當局者に普及したものであるらしい。然るに海面埋立地を市町村の區域に編入する迄には、幾多の行政手續がある。埋立免許があり、著手竣工の上の竣工認定に依る私權の確認がある。此間の行政司法管轄は何を以て定めるのであらうか、國の行政權司法權の管轄と自治體の區域とは一致しないのであると謂ふ見地を採るのでなければ思想の矛盾を來すのである。所謂所屬未定地編入の手續を採る以前に於て、既に何れかの行政區劃司法管轄に屬すと見るのでなければ、說明は出來ないのである。且又船舶漁業等の課稅の說明に付て、或は定繫場或は漁場の陸地との接點等から論を構へる者があるけれども、定繫場の所在陸地に船舶が存在するとか、乃至漁場が陸地と多少の距離がある場合等に付て、到底課稅權の根據を明にすることが出來ないのである。從來の公權解釋は到底破綻を免がれ得ないものであつた。

六　海面埋立地に居住する者の選擧資格

然るに東京市の海面埋立事業は廣大な面積に亘るものであり、其の完成前從つて埋立竣工認定前、且所屬未定地編入手續以前に於て其の上に居住する者が相當にある。從來は此等の人が選擧權を有することは稀有又は絶無であつたであらうが、普選の有り難さは率土の濱にも及んで、選擧人名簿作製に當つて何れの區に於て登載すべきや、將登載すべからざるやが問題となつた。內務省に伺ひを立てると、

市町村の地先海面（領海內）及地先海面の區域內に於ける埋立地にして、未だ編入手續を了せざるものは、其の市町村の區域に屬するものとす。隨て其の區城內に住居を有する者は法定の資格要件を具備する以上、選擧權を有するを以て、其の區域の屬する市町村長に於て其の選擧資格を調査し名簿に登錄すべきものとす。

と云ふ省議の決定を見たと云ふことである。所で內務省は尙附言して『本件は法律の解釋としては本文の通なるも、行政の實際上は速に所屬未定地編入の手續を了せらるゝ樣致度』と通牒して居る。私は此の省議の決定を以て、十數年來の私共の持論の一部が公認せられたものとして、多少の欣びと新人諸君に對する敬意を禁ずるを得ない。併し法律の解釋と實際の取扱との二樣となることを放任したり、市町村の區域に屬しながら尙所屬未定地なりと云ふ觀念の矛盾を看過せられることは、頭腦明晰なる秀才諸君に不似合の事と思ふ。一體內務省

は明治四十四年以來所屬未定地に非ざるものを所屬未定地なりとし、無用の形式手續を地方自治體に爲さしめ來つたのである。本來の眞面目に立返つて市町村の區域に法律解釋上當然所屬する埋立地は、何等編入手續を要しないことゝすれば事理明晰となるのである。單に百尺竿頭一歩を進めればよい。私は十數年前地方局に見習をして居る當時から、海面は市町村の區域に屬す、海面埋立地を所屬未定地なりと云ふは、內務省一部の机上論に過ぎない。根本から之を改めて地方制度第一條の解釋論を改善したいと思ひ、或は主張し或は實際問題に當つて卑見を具して上司に差出したこともあるが、昭和の御代に至つて私の主張の一部が公認せられたのは愉快な事である。

七　講壇行政法學と官場行政法學

地方自治體の構成要素としての土地及住民に就て更に多少の論議を試みて見る。敢て講壇行政法學や官場行政法學に反旗を翻へさんとするのでは無い。敢てハムレットを眞似て、ホレーショよ世の中には君の哲學では解せられない事柄がある。君の行政法では地方行政の實際が解決し難いと謂はんとするのでは無い。行政法學の蘊奥を學んで地方行政の當路者となつて居る、少壯事務官諸君と共に多少の考究を企てゝ、日常の地方行政に若干の新鮮味と新境地とを探究して見やうと謂ふ丈の事である。地方制度の法律的研究は實に飽き飽きして居り、區々の法理論解釋論には實は閉口して居るのであるが、併し眞正なる法律論は行政當路者の最も尊重する所であらねばならぬ。地方制度冒頭の數條地方自治體の構成要素、地方自治の根本義に觸れて多少の論議思索を重ねることは、固より厭ふ所では無い。私共が學者から學び論客から聽いた所の學理や解釋の定說が、行政の實際に於て如何に適用せられ運用せられるか、矛盾扞格の嫌ひは無いか、不都合を來すの虞れは無いかと考慮して見たいのである。

八　地方自治體の區域外に於ける公法上の收入の强制徵收

地方自治體の區域は地方自治體の行政權を及ぼし得る限界であると說明せられる。地方自治體は國の統治權の一部を其の區域內に行使し得るものであると謂はれる。法律の規定する所に從つて公法上の收入の强制徵收を爲し得ると謂ふ。問題は公法上の收入の强制徵收を爲し得るのは、其の區域內に限るや否やと謂ふ點に起る。行政法の學徒は此の如き事柄を問題としないかも知れないが、行政の實際に於ては地方自治體が其の區域外に於て公法上の收入の强制徴收を爲す必要が頻發する。其の區域外に對しては他の公共團體の領域を侵すことゝなるが故に、强制徴收權を行使するを得ないと謂ふことは一應當然自明であるかに見える。之を單に地方制度に付て見ると、地方自治體の區域は從來のそれに依ると云ふ規定があるのと、財政に關する規定の中に、國稅滯納處分の例に依り强制徴收を爲し得ると規定するに止まつて居る。敢て强制徴收權は其の區域內に限り行使し得ると謂ふ限定的規定は無い。唯地方自治體が所謂領土團體であり、一定の區域の土地を構成要素とするの當然の結果として、行政法上の自明の觀念として地方自治體の區域が、地方自治體の行政權强制徴收權行使の限界を定むると解すべきであると謂ふのであらう。併し私は此の如き傳統的な理論解釋に盲從するを得ない。地方自治體の區域の法律上の效果如何は之を制度の上に求めて足りる。地方自治制は例へば住民の要件として、他方自治體の區域內に住所を有することを必要として居る。(私は後述する如く此の規定を以て甚だ不當不都合なりと信ずるものである)。其の結果市町村公民權地方議會の議員選擧權被選擧權の資格要件に、地方自治體の區域が關係して來るのである。又財政方面に於て地方稅負擔の義務は、地方自治體の區域內に住所を有するか若は三月以上滯在するか、又は地方自治體の區域內に土地家屋物件を所有し使用し若は占有するか、又は地方自治體の區域內に營業所を設けて營業を爲すか、若は特定の行爲を爲す等、地方自治體の區域と一定の關係に在ることを必要條件とする。此等の點は明文の規定が存するのである。然るに拘らず何等規定なき强制徵收權が地方自治體の區域內に止まることを要すと解すべき根據及必要ありやは、大に疑はざるを得ないのである。

九　徵收處分の囑託に關する法規の解釋

地方自治體の負擔分任の一要件が、地方自治體の區域と或關係を有することを要する旨の規定、從つて區域が地方課稅權の限界を成すことは、明文上當然であり且立法上も大體適當である。(但し滯在は三箇月以上と規定することに、何れ丈けの理由意義があるかは明かで無い。)然るに一旦地方稅其の他の公法上の收入を賦課した後、納付義勞を負つて居る者が地方自治體の區域外に、住所滯在を移してしまふ事がある。賦課に基づく强制徵收は地方自治體の區域外に於て爲すことを得るのか否か。私は前述の通り何等之を禁止した規定の存するを知らない。從つて區域外に於ても一旦賦課したもの又は一旦納付義務の發生したものに付ては、强制徵收を爲し得るものと解すべきではあるまいか。然るに租稅其他の收入徵收處分囑託に關する明治四十年の法律第三十四號は、地方自治體の區域外に於ける强制徵收のことを規定して居る。所が此の法律は二箇條の短い規定であるが必ずしも意義明瞭でない。第一條は法令の規定に依り國稅を徵收せらるべき者又は其の者の財產にして、其の法令施行地外に在るときは、當該官吏は本人又は財產所在地の當該官吏又は吏員に其の徵收を囑託することを得。前項の場合に於ける國稅の徵收は囑託を受けたる地の當該法令に依るとある。所が第二條は之を公共團體又は之に準ずべきもの丶租稅、其の他の收入を徵收せらるべき者又は其の者の財產が、其の公共團體又は之に準ずべきもの丶區域外に在る場合に之を準用して居る。夫れで之を正解するには地方自治體は、納稅義務者又は其の者の財產が其の區域外に在る場合でも、强制徵收を爲すことを得るのである。唯遠隔の地で當該公共團體の職員が直接徵收事務を行ふに不便を感じ、無用の經費を要する場合があるので、徵收囑託の途を開いたに過ぎない。從つて法文にある通り囑託することを得るに止まるのであつて、囑託することを要するのでは無い。卽隣接市町村其の他交通上の便宜又は事務上の序がある場合は、直接徵收しても差支ないのが當然である。右の如き解釋が果して立て得るものか、正しいものかは解釋家に任せるが、元來地方自治體が自治行政權を持つて居り、其の區域內に於て强制徵收を爲し得るとしても、夫は唯自身の公課公法上の收入を强制徵收し得るだけのことであるのは當然の筋合であり、他人たる他の地方自治體の公課公法上の收入を强制徵收し得べき筈が無いのであるから、納付義務者の住所又は財產の所在如何に拘らず、賦課した當初の地方自治體が强制徵收權を有するのであり、唯納付義務者又は其の財產の現在する土地を區域とする地方自治體の職員が、囑託を受けて强制徵收をするのであると解するが當然であらうと思ふ。

十　徵收囑託立法の不適當

所で私は立法論に進みたいのであるが、國稅其の他國の公課の徵收に付て囑託の規定を置き、此の場合に於ける國稅の徵收は囑託を受けたる地の當該法令に依ることとは、妥當であると思はれる。夫は等しく國法の適用を受けるのであり、而して國が地方に依つて國稅の徵收に關し規定を異にして居る場合は、夫々其の地方の規定に依ることも不條理では無い。然るに地方自治體の場合に於ては全然法人格を異にするのである。地方自治體の租稅其の他の收入の徴收囑託に付て、漫然國税の徴收囑託の規定を準用することは、甚だ不合理な譯である。而も適用法令が甲地の市町村税を乙地に於て徴收するに付て、乙地の市町村條例又は規則の適用を受けしめるが如きは、奇々怪々の次第である。督促手數料や延滯金を囑託を受けたる地の規定、人格を異にする他の公共團體の法規に從ふことは、如何にも異樣であり、時として不都合なる結果を來す。殊に此の場合に於ける事務取扱に要する費用及送金費用は總て囑託を受けたる廳の負擔とし、督促手數料は直に其の廳の收入に充て可然ことに決定相成候と云ふ、明治四十年六月十四日地甲第二十九號の地方局長通牒は、實際上頗る適當で無い。徴收を他の公共團體の官吏吏員に囑託するが如き場合は、徴收の困難な場合が多いのである。現行制度は一の公共團體公共組合の收入を、他の公共團體又は市町村長をして徴收せしめる場合は、百分の四を手數料として交付することを概ね立法原則として居る。單に督促手數料のみを囑託を受けたる廳の收入とすることは不十分である。大都會に於て居住の移轉の頻繁なるが爲、徴收勵行の極めて困難なる現狀に於て、現行の如き制度の下に於ては、到底徴收成績の良好なることを期待し難いことゝ思はれる。大正十五年郡役所廢止施行期の當時に於て、各地に於て郡長の殘務を整理する爲、徴收囑託を東京府下の市區町村長に囑託し來り、而も其の囘答の捗々しくないと云ふので、更に府廳へ宛てゝ催促して來た事例を見たが、中には零細な税額で照復の費用が税額を超過するものがあり、百萬二百萬と云ふ府税市税の滯納の整理ですら、手廻り兼ねる市區町村吏員が如何に事務が閑散な地方の縣郡當局の委囑でも、今様青砥藤綱を眞似て照復の費用と大差の無い税額の徵收に手を出すことは、甚だ馬鹿々々しい感がしたのであつた。現在の地方税徵收囑託の制度は適當でない點があると思ふ。

十一　地方自治體の區域外に於ける强制徵收の事例

更に租税公課公法上の收入の賦課又は納付義務の根據が、地方自治體の區域内に限るべきや否やに付ては、前述の通り原則として區域内に於けるものに限るのであるが、此の點に於ても私は少からざる例外の現象があることを知つて居る。先づ第一は受益者負擔である。都市計畫法に依る受益者負擔は、或場合に於て他の公共團體に負擔せしめることがあり、或場合に於ては他の公共團體の區域内に於ける受益者に負擔せしめることがある。道路法に依る受益者負擔は他の公共團體の區域内に亘つて、府縣道市町村道の認定をした場合に於て、其の道路に關する受益者負擔を、他の公共團體の區域內に於て負擔せしめて居る事例があるのである。論者は直に都市計畫法又は道路法に依る受益者に負擔を命ずるの行爲は、之れ國の機關としての行爲であり、都市計畫事業執行者たる行政廳、道路管理者の地位は、國の行政を執行するの立場に於てするのであるから、未だ以て地方自治行政に關しては援用すべき筋でないと、得意の國政論を以て說明し得たりと爲すであらう、姑く論者の見る所に任せて置く。然らば東京市の水道使用料電車使用料に付ては如何に說明するのであらう。市町村外給水は例外の場合に認められるのであるが、行政上の實際の取扱では、水道用水の分水契約の如きですら、之を使用料（而して豫算式及市町村條例竝强制徵收の關係に於て、一切の使用料は公法上の收入なりとせられる）として取扱ふ、況んや市町村外に於ける箇々の給水に付ては、水道使用の條例を適用する。市町村條例が市町村の區域外に適用せられるのであらうか。東京市の電車は例外として、起終點が郡部町村の區域に亘つて居ることがある。起終點から乘降する者も市內に於けると同樣、電車使用及使用料乘車料關係に於ては、東京市條例の支配を受ける。論者或は條例が條例として適用される、即ち自治法規として效力を有するのは、市町村の區域內に限るのであつて、市町村の區域外に對しては、條例として法規たる效力を有するのでは無い、條例と同一內容を有する所の、營造物使用の條件或は民事上の契約關係事項として適用されるのである。未だ市町村自治立法の區域外適用の例と見るを得ないと說明するであらう。私共には例へば電車使用關係の如き市町村の區域內に於ても、何等國有鐵道私設鐵道又は軌道と法律關係を異にすべき理由が無い。一が運送契約であり、他が營造使用關係である。一が私法關係であり、他が公法關係であり、强制徵收權の適用があり、時效關係其の他が違ふとすべき理由は、殆ど解し得られない。行政法の領域內に於ては、公法關係營造物關係の觀念構成を以てするに非ざれば、解決し難しとするかの如き態度を非なりとする。電車の乘降が敢て公法關係なるに非ざれば、市町村行政の衰頽を如何と云ふ馬鹿者もあるまい。電車使用關係が運送契約なるが故に、市町村自治の縮少を來す次第でもあるまい。且市町村の區域の內外に依り、市郡の境界迄は運送契約であり、市內に入るに從つて公法上の營造物使用關係となると云ふ巧妙なる說明も、以て愚者を煙に捲くに足るも天下を欺くに足りない。

十二　本稅分別の協定

次に地方自治體の區域と課税の關係に付ては、所得税營業收益税の附加税賦課に關して、本税を分別納付せざる場合に於て、關係府縣市町村間の協定は、種々の標準に依つて定めて來て居るのであるが、固定資本の投下地と直接營業收益を擧げる地方と、例之發電所所在地と電氣供給地と、到底滿足なる共通標準を發見し得ない事情にある。私は何等か此の協定促進の手段を講ずる必要があることを思ふ。營業税即營業の外形標準課税の主義が、營業收益税と改まりたるが爲、將來に於ける營業收益税の分別標準は、所得税の分別標準と同様とするの主張が強いことであらうし、且理由あることであらうが、之が爲に收入額に大影響を受け財政困難を來す市町村がありはしないだらうか。私には直接何等關係は無いが多少の心配を禁じ得ない。併しながら私は此等の問題に論及することは、私の本旨では無かつた。私は上述の如く地方自治體の區域の財政上の效果としても、場合に依り區域が賦課又は納付の限界たるのでは無く、例外として區域外に於ける賦課の場合の存することを述べて、原則として公法上の收入の限界が、地方自治體の區域内に止まるけれども、例外なきに非ずと謂へば足りるのである。私の論議は地方自治體の區域の他の效果、市町村住民の資格要件延て公民權選擧權被選擧權に及ぼす效果を見たいのである。

十三　行政方面に於ける住所に關する爭訟續出の弊竇

地方自治體の區域が最も强力なる效果を發生するのは、住民の資格要件から延て公民權選擧權被選擧權に及ぼす關係である。私は市制町村制が市町村内に住所を有する者は、其の市町村住民とするの規定を適當ならざるものと考へる。住所とは何かと云ふに單に私法上の法律關係の中心點たるに過ぎない。私法關係に於ても或は假住所の規定もある、或は裁判籍の關係に於ては、夫々便宜の方法を認めて居る。從つて各人の生活の本據なる法律書生の觀念構成の試驗問題の如き規定も　實際上何等不都合は無い。所が市町村住民の要件乃至選擧權の要件としての住所の規定の適用に付ては、各人生活關係の複雜を極めた現今に於ては、行政實務上到底實行し難い規定である。我國の行政裁判例に於て衆議院議員の選擧爭訟に於て乃至は貴族院多額納稅議員の互選爭訟に於て、如何に多くの事案が住所問題を原因として爭はれて居るかを見よ。區々の紛紜の原因を根絕し、選擧の結果の不安定を避けることは、極めて必要な事である。住所が本來民法の規定する所であるに拘らず、私法上に於ては多く訴訟の原因又は爭點たらざるに拘らず、行政法上公法上屢々爭訟の原因となるのは、立法の拙劣なるに基づくのである。强ひて住所を以て資格要件とすることが誤謬の根本である。各人の生活の本據と云ふが如き抽象觀念を以て、選擧人名簿の調製乃至は被選資格判斷の根據とすることが失態の根源である。住所の有無を以て選擧に關する爭訟の原因と爲すの途を根絶するがよいのである。按ずるに我國は多年米國移民問題に關して、二重國籍の生ずる法制を存して不利益を受け、漸くにして近年解決するに至つたのであるが、住民權公民權選擧權に付ては、嚴に住所主義を固守し、生活の本據は一人一箇所に限ると解するが故に、此等の公權は一市町村にのみ享有するの原則に對して何等の例外を認めなかつた。此の立法原則に對して其の當否を問題とした人のあることを知らないが、私は斷じて形式主義區々の抽象理論を排擊すべき必要あることを思ふ。地方自治體に付て謂ふならば自治體を構成する者は、必ずしも住所を有することに限定すべき必要及理由は無い。地方自治體地方公共施設と密接なる利害の關係を有する者、而して地方自治體の負擔を分任する者は、決して單に住所を有する者に限らない。自治體の區域内に社會上經濟上の活動を爲す者、營業所事務所又は職務の場所を有する者、財產を所有する者に對して、地方行政に參與するの權利を拒否すべき理由は無い。世間往々選擧權が擴張せられ、所謂普通選擧制度となつたので、將來は或は年齡の低下或は婦人參政權等の問題を餘すのみと謂ふのが常例であるが、私の見る所を以てすれば之よりも先づ地方自治體の區域內に密接なる利害の關係を有し、負擔分任の關係に立つ者にも、住所を有する者と同樣に選擧權を與ふべき緊急の必要があると信ずる。

十四　近代都市生活の常態と住所主義立法の病根

近代の都市生活に於ては、住所と營業事務職業の地との分離の傾向が著しいのである。都心の地域は商業中心事務所中心となつて、此處に執務營業する都市生活者の大多數は、郊外に遠く住所卽寢所を有する。朝な夕なに都心に來り都心から去る。此の如き人々の生活關係は、何れを本據とすべきやは論議の餘地があるが、住所の觀念としての生活の本據とは寢所の謂ひなりと解せられる。併しながら此の如き都市生活者の極めて重要なる生活關係が、都心地に存することは多言を要しない。都心地の自治行政に何等の參與權を有しないことを以て甚だ不當なりと考へるのである。都心地に在る事務所營業所は、都心地自治體の公共施設の振否如何に多大の影響關心を感ずる。都心地自治體の公課を負擔すること多額である。然るに何等の發言權を與へられないと謂ふことは、不當も亦極まれりと謂ふべきである。更に私は此の如き都市生活者の郊外居住の趨勢に依つて、都心地自治體の住民たりし人々が、何時の間にか郊外町村住民となり、從つて現行法の下に於ては、公民權を失ひ或は議員たるの資格、或は其の他名譽職たるの資格を喪失したと解するの外なき事例の甚だ多いことを經驗して居る。住所主義から胚胎する大都市地方議會議員選擧權被選擧權名譽職資格の有無の問題を、徹底的に洗ひ上げれば私は紛爭の煩に堪えないのではなからうかと虞れざるを得ない、之が法廷の爭ひとなるは止むに止まれぬ場合であり極めて少部分なるは當然である。而も之に依つて區別することが、自治行政上何等實質的利益を來すものとは考へられない。或は住宅が二箇の地方自治體の區域に跨つて建築せられ、床の間ある客室と寢室と臺所便所とが何れの自治體の區域に屬するやが、被選擧權の有無を判斷すべき根據なりとせられた實例もある。尙朝野の名士が其の活動舞臺を大都市に置くことは當然であるが、之が爲其の鄉里を忘るべき理由は無い。一流の名士迄も滔々として都市集中大都市膨脹の流弊の一員たらしむることは適當で無い。國運の隆替は地方の振興如何に拘はる。名士人材が都會に生活するは止むを得ぬとしても、冀くば其の學力智力識見手腕は之を其の鄉里なる地方自治體の振興の爲に盡さしむべきである。豫言者は鄉里に容れられぬと謂ふが現行の地方制度は鄉關を出でゝ身を立て名を成した人材をして、鄕里の地方自治行政に參與協力せしめる途を塞いで居る。

私は我國の中央政府に於ては、或は元勳優遇と共に重要なる國務御諮詢の例があり、或は樞密顧問を置いて最高の諮詢機關としてあるに拘らず、地方自治制に於ては何等長老優遇の途を講ぜられて居ない。市參事會員市參與の制度は之を外國法制に比較し、其の母法を調べれば寧ろ長老元老 Alderman, Stadtrat と解すべきであり、且明治四十四年の市制改正以前の市參事會員殊に市公民より選出される參事會員には、多少其の遺風を見るを得たのであるが、立法者の短見に依り市政の大舅大御所とすべき參事會が小姑に低下してしまつた。市參與の制度は例へば養育院長澁澤子爵の如き好例保存の爲に制定せられたのであるが、之亦最近の改正に於て市長の下風に立つ助役收入役と選任手續を同一として、立法の根本義を沒却してしまつた。見來れば數次の地方制度の改正は寧ろ改惡の嫌があり、常に事務法理の末節に拘泥して、地方永久の康寧利福地方振興地方故老の尊重淳風美俗の涵養等の國家的國士的見地は索然として尋ぬるに由もなかつた。區々の地方事務は解するものはあつたが、不幸にして地方自治公共施設共同輯睦の團體生活の本義に徹する者は寥々として尋ね難い有様であつた。果して地方自治の本義を解する者なりや否やを疑ひたくなるのは此の故である。

十五　地方振興の途と人材の地方還元と住所主義

立法の改善

按ずるに人口の都市集中の澎湃たる大勢に對する地方の衰頽に付ては、爲政者深甚の考慮を要する問題である。都市の繁榮は喜ぶべしとして地方農村の衰頽疲弊は、抑ふべからざる大勢であるとして放任看過してよいものであらうか。都市生活者も多くは生活の根據確實ならず、何れも漂泊者移住者の如き思想感情の持主である、地方自治體に對する愛著の念は殆ど見るべきものが無い。鄕土に對する愛著の思想の缺乏することは、識者の深甚の注意を要する點であらう。地方自治の振興も隣保共同の輯睦も望んで得難い狀況であり、而も之が主要なる責任者は、爲政の要路に在る者地方行政の當路者であると思はれる。世間は浮草稼業と謂ふ、地方行政の當路者自體が常に住所を轉々とし、地方議會議員衆議院議員の選擧權を享有せざる者甚だ多い。其の子弟は小學校を變更すること數次ならざるは無い。有識浮浪者の生活、水草を追ふの原始民族では無いが、中央政府の御都合主義の爲にする俸祿を逐ふての游牧民族である。鄕土地方に對する思想感情の自然の間に銷磨することは、人情止むを得ないのである。此の如き人々に依り指導掌理せられる地方自治行政に於て、鄉土愛護の色調の薄弱なること、鄉黨故舊の尊重の足らざることは自然の數である。豈啻に地方官のみならんや。朝野の名士の鄉土に對する不熱心歎ずべきものがある。會〻鄉土の事に熱心なるかと見れば、之は選擧の爲にする利己的動機に出づる者である。眞に鄉里地方自治體の爲に其の各般の問題に熱心なる者は寥々たる感がある。今や資金の偏在は之を地方に還元するの必要及方針は、疑はれざる施政の原則となつて實行せられて居る。都會の文化を出來得る限り地方にも普及し、曾ては凋落した所の農村娯樂鄉土藝術の復興も亦何人も異論を挾まない必要の事とせられる。私はラヂオ文化の將來を囑望する。全國礦石化の後都會地に於てのみ味はひ得られた高級藝術の翫賞は、農村山村漁村に於ても惠まれる時期は遠からざることゝ思ふ。私は東京府會議員飯塚法學士の『農村劇場』の好著を興味深く研究して居る。日本青年館の鄉土舞踊の紹介を大に意義あることゝ考へて居る。勞働の藝術化、鴨綠江の筏流しから、忍路高島の漁舟、嘶し田から虫送り、豐年收穫の祝ひから大漁祝ひ、無制限の勞働時間苦寒暑熱を凌ぐ所の原始産業の勞苦は、敢て近代機械工業勞働者の辛勞に劣るとは思はれないが、其相異點は藝術の有無にある。工場勞働に詩が生れ舞踊が樂まれるに至つて、勞働爭議は大に其の調子を緩和されるのではあるまいか。勞働と遊技との差は樂其の中に在ると否とにあると學者は謂ふのであるが、勞働の苦痛緩和の方向は藝術に求むべきではあるまいか。此に至つて無用の長物視せられ泰平の閑事とせられる藝術が俗人からも有用視せられる見込もある。郷土藝術郷土文化の育成復興に著目すると共に、私は郷關を出でゝ中央に大都會に活躍する人材の地方還元を考察したいのである。何人も祖先の地幼少年時代を送つた郷關を忘れたくは無いのである。故郷にして祖先の地たる地方自治體との因緣關係を斷絕せしむる法制を不當なりと考へる。一國有爲の人材は同時に郷里地方自治の重要問題に、一臂の勞を吝むべき理由は無い。私は此の故に住所の有無を以て公民權の要件とするの制度を改めて、市町村に財產を有し墳墓を有する者は、仍公民權を有することを得しめたい。假令經濟上社會上政治上職業上住所を中央都市大都市に移さゞるを得ないにしても、郷土とは離るべからざる關係に在る。郷土地方自治の爲參與し發言する權利と義務を有せしめて以て、私は朝野有爲の人材を精神的のみなりとも地方に還元し得るの、甚だ好ましいことゝ考へるのである。私は祖國に對する愛慕の情の甚だ尊重すべきことを思ひ、而して自己の屬する自治體の隆替に多大の關心を感ずる自然の情操を愛育すべき必要を感ずる。現在の如き都會移住者の生活大都市又は大都市郊外生活者乃至は別莊生活者の如き、鄕土愛の薄弱なる者の多數に存することを以て邦家の前途の爲寒心すべき事態であると考へる。有爲の人材であつて而も鄕土に對する愛著の念の足らざることは、制度の宜しきを得ざるにあることを思ふ。大都市其の他移住地自治體に對する愛著の念を涵養することも、必要であるけれども之は至難である。鄕土に對する愛著の念を喚起することの捷徑たるに如かない。一流の朝野の人材が其の識見と手腕とを以て何れかの地方自治體の爲に、涓埃の勞を惜しまない狀況となつて、地方公共の施設地方自治の上に裨補する所少からざるべきを思ふ。國を出でゝ二十年、父母の墓石を撫して鄕土地方自治に對する、中央名士の協力を求むる途を講ずるの必要を痛感したので茲に論及したのである。

十六　名譽公民の制度、公民權特免制度の擴充

大チャムバーレンがバーミンガム市名譽職員とし、市長として市政に貢獻したる功績の赫々たるは謂ふ迄も無いことである。ネビルチャンバーレンも亦市長となつて新都市計畫の策定に盡す所多大であつた。市長就任は國務大臣となるの前提であつた。我國に於ては大臣の

古手が市長となつた實例を見るが、市町村長の古手が大臣となるの好例を知らない。朝野一流の人士を一層地方自治に協力せしめる例を開きたい。從つて私は英國の自治制に在るが如き名譽公民の制度を輸入し、地方自治體の出身者緣故者等に對する尊敬傾倒の意を表するが爲、名譽公民とするの途を開きたい。ロイドジョージがシチーオブロンドンの名譽公民とするの名譽を喜んで受けた事例を羨ましく感ずる。東京の府會市會區會に於ては、議員待遇者の例を開き一定年限以上の議員在職者を退職後と雖、議員と同樣の待遇を與へることゝして居るのであるが、之は何等現行の制度に根據を有たない便宜の取扱ひである。一定年限以上又は特殊の關係に於て地方自治體の仕事に關係を有した人々に對する待遇の途は存して然るべきことである。從來地方自治體を遇するに單なる法律事務の主格たることを以てして、却つて法律以上に重要なる社交感情其の他の廣汎なる生活關係を遺却した嫌ひがある。個人が法律のみで生きられないと同樣、地方自治體が法人だからとて法律生活のみで終始するものでは無い。私は曾て公民たるの資格要件特免制度を大に擴張すべきことを主張したこともある。現行法の住居年限特免の程度では殆ど實用上の價値が乏しい。地方自治體をして其の見る所に從ひ公民權附與の特典を行使し得ることも、自治行政の圓滿なる遂行の上に益する所が多からう。市長有給市參與及助役又は有給町村長及有給助役は、特に在職の間市町村公民とする旨の規定があるが、此の規定の存在の意義價値又は必要は甚だ不明である。但し此の規定は所謂告朔の餼羊に類するものかも知れない。市制第八十四條町村制第七十條に於て、此等の吏員が選擧權を失つた場合に失職する旨の規定、及禁錮以上の刑に當るべき罪の爲豫審又は公判に付せられたるとき職務の執行を停止する規定を置くに當つて、『職に就きたるが爲市町村公民たる者』と概念的に一括する立法技術上の一便宜の外考へられない。古代中世の都市の沿革から見ると、公民とは市民中の特權階級又は參政權を有する者の意義の如くであるが、普選の時代に於ては單なる有權者と區別して公民を觀念する實益に乏しい。尤も此の規定に依りて市內に住所を有しない東京市長助役が、市會議員選擧權を享有することになり、地方議會議員選擧權享有の一大例外として、住所市町村のそれと二箇の選擧權を有する現行地方制度上の一大特典で、感佩に堪へない次第であるかも知れないが、選擧區の設けある場合何處に屬するか分らない。東京市では便宜麴町區の名簿に登載するらしいけれども、勤務場所市役所の所在選擧區とでも說明する外途は無い。私は寧ろ廣く二市町村以上の選擧權を認めることゝしたいのである。

十七　住民調査制度の缺如

現行の寄留制度は大正三年に改正せられ、住所寄留居所寄留を區別し、罰則を附して屆出を爲さしめて居るけれども、各人の住所の認定に寄留制度が多く依賴するの價値が無いことは、行政實務家の疑はない所である。行政上課稅上統計上寄留簿の依賴するに足らざる事も定說の存する所である。曾て我國の人口統計は簿冊を基礎として机上調査に依つたもので、寄留簿が根據となつた爲、甚しく事實と相違し、東京市の人口に於て二十萬人以上も過大に見積られて居ることが明になつた。寄留簿大整理に著手したこともあつたのであるが、之を改善するが爲大正三年の法規改正となり、多少は改まつたのであるけれども實は五十步百步に過ぎない。寄留制度の不備に付ては大正初年の行政整理に際して寧ろ之を廢止するに如かずとする意見があり、原內務大臣の下に於ける事務整理委員會は一旦之を全廢するに決して居つたのであるが、之に代るべき方法を設けないで寄留制度を廢止しては、行政上據るべき資料を失ひ不便であらうと謂ふので、僅に之を改善して維持することゝなつた。其の主張者は事務整理主査委員湯淺塚本堀田の三參事官である。然るに改正法令も一向良案が無い、施行勅令案が司法省から合議せられた場合に於ても、司法省に於ても甚だ自信が無いが先づ以て此の程度の案として置くと謂ふにあつた樣である。爾來十數年を經過したが、寄留制度は行政上も一向賴りとせられない狀況であり、私は依然之を全廢するを得策なりと信じて居る。選擧人名簿の調製にも就學兒童の督勵にも市區町村は別に工夫を講ずるの外無く、且現に講じつゝある。或は市町村條例を以て申告義務を負はしめ、其の制裁は明治四十一年八月內務省令第十五號民勢調査を忌避したる者の處罰方を適用せんとする者もある。畢竟我國に於ては行政の目的たる人に對する基本施設が不備である。戶籍の制度は完備して居るけれども、日常生活の場合に於ける住居の關係は、毫も組織的に調査し明ならしめる方法が無い。國勢調査は單に或時日に於ける現在狀態を見るに止まる。之を單なる屆出申告の制度とする位では、如何なる制裁を附しても遺漏は免がれ難い。私は將來の根本的改善の途は、警察の戶口調査の形式を完備するに在ると思ふ。水道の關係電氣の關係課稅刑事視察の關係、各般行政上社會上國民の住居關係を明ならしめる制度は、一層組織的ならしめる必要があらう。市町村は住民を以て構成せられると謂ふが、現在の有樣では如何なる市町村に於ても住民の總數を知るの途が全然缺けて居る。滑稽なる悲慘事は市町村の構成要素たる住民とは法律書生の觀念の所産であつて、市町村自ら住民の總數ですらも知るを得ない事である。所謂現住人口國勢調査の市町村人口は住民總數では無い。市町村の構成要素たる住民に關する制度は此の點から見ても現狀を以て滿足すべきでは無い。私は地方制度の根本的改善の時期が熟したのではあるまいかと思ふ。

第四章　都市行政の改善に關する提案

第一項　土地課税の增收を圖りて都市經營の財源に充つべし

一　都市經營財源の必要　我國大都市の各種施設經營は時代の要求に對して甚しく不滿足の狀態である。特に歐米の都市に比して遜色の著しいのは、道路交通機關上下水道電氣瓦斯等の物質的施設である。右の如き都市經營事業の財源として、土地增價稅間地稅庭園稅等の問題が考究されて居るが、此等の稅よりも都市に於ける土地課稅其のものが、增收の余地多く、緊要且根本的の問題であり、而も暫定的にも直に解決實行の容易なものである樣に思はれる。

二　不動産市費負擔の低廉　都市に於ける不動産の市費負擔が我國の都市の如く低い所は世界無比である。元來都市事業の大部分たる公共的施設の利益、性質上地方自治體の事業たる公共的施設の利益は、不動産の所有者占有者が享受するのであるから、自治體の經費は主として不動産に負擔せしむべきものである。敎育事業や救育事業の如きは本質上地方的の事業ではないのである。從つて地租の地方移讓論や敎育費國庫補給論は右の理由で正當とせられるのである。特に都市に於て不動産に對する市稅の收入が少く、爲に各種の施設が遲れると云ふことは、我都市行政の甚しい缺點であると思はれる。

三　東京市の土地公課　東京市の有租地は千三百萬坪其の地價は約一億圓（九千四百九十萬四千三百三十圓）である。從つて地租は二百五十萬圓府稅は百二十萬圓市稅は僅に八十萬圓に過ぎない。外に都市計畫法に依る課稅二十五萬圓を加へて見ても總額五百萬圓に達しないのである。稅制の根本的整理が出來て地租全部の地方移讓を見た所で、總額を府と市で折半するとすれば、市の收入は二百五十萬圓に止まる譯である。

四　宅地々價の現狀　宅地地價は明治四十三年に修正せられて、明治初年の地價が當時の賃貸價格を基礎として改定せられたけれども、宅地地價修正法には改定地價が原地價の十八倍を超ゆべき場合は十八倍に止めると云ふ規定がある爲、都市の如く明治初年以來地價騰貴の著しい所では、右の規定の適用に依つて當時の時價とも距離のあるものになつた。況んや爾來土地價格は年々著しく騰貴したので、現在に於ては都市又は其の隣接町村等では土地に對する課税は甚だ輕いものになつた。

五　農村山村に於ける段別割組合費負擔との對比　土地に對する課税制度として現行制度は公共團體に地租附加税に代へ、又は之と併行して段別割を課することを認めて居る。而して農村山村や新開地等で段別割の方法に依つて地租附加税に依るより多額の增收の方法を採つて居る所が甚だ多い。更に農村の土地改良事業たる耕地整理事業水利事業等の爲に町村税の外に組合費を土地に課することも頗る多い。土地改良事業費は農商務省所管で府縣でも產業の部局で處理するが爲、往々之を地方行政として見ない傾があるが、農村經營事業として注目すべきものであることは申すまでもない。(尙土地改良事業が農商務省所管であるが爲に、其の課税方法や起債などが單に地方廳だけで簡略に容易に解決されると云ふことは、事業振興の爲には喜ふべきことであるが、廣く地方行政の上から云へば慥に片手落である。)然るに拘らず人口の增加都市の發達に伴ふ所の都市に於ける廣義の土地改良事業とも云ふべき、都市計畫事業道路上下水道事業等の施設の急要を告ぐるに拘らず、都市計畫事業の爲に特別税として地租附加税を課するの途を認めただけで、土地課税に依り增收を圖ることに努めないのは都市當局の怠慢と云はうか驚くべき片手落である。

六　紐育及英國課税率を適用したる場合の東京市土地公課の增收　東京市千三百萬坪の民有地を假に坪平均五十圓と評價しても六億五千萬圓である。紐育市税の課率（千九百二十一年度）一弗に付二仙八の割合で課税すれば千八百二十萬圓の收入が得られる。現在の課税額五百萬圓の外に千三百萬圓からの增收の餘地がある譯である。又假に坪平均賃貸價格を年額二圓として計算すれば二千六百萬圓になる。之を英國地方團體の平均税率(千九百二十一年度)一磅に付十三志三片半の割合で課税すれば千七百萬圓の課税が出來る譯で、現在の課税額五百萬圓の外に千二百萬圓の增收の餘地がある。以上の概算で知れる通り千萬圓程度の土地課税の余地が存することは疑を容れない樣に思はれる。

七　都市土地公課增收を分離して解決すべし　或は右の如き增收の方法は地租の地方移讓が解決して後始めて著手すべきものと爲す論者があり當局者亦右の如く見て居るのであらう。併し自分は都市の土地課税だけに付て此際切り離して解決すべきものと思ふ。蓋地租移讓に決して後も農耕地に付ては全體としては現在以上增收することは恐らく適當であるまい。又貴族院衆議院の現狀から見て地租全體に付ての附加稅制限率を高めるが如きことは通過の見込もあるまいし且必要もないと思はれる。併し都市に於ける土地課稅だけとして進むならば問題は必ずしも困難ではあるまい。第一　都市及其の隣接町村の土地課稅は甚だ低いこと。第二　都市及其の隣接町村に於ける經營施設殊に都市計畫道路交通機關上下水道等の遂行が焦眉の急務であること。第三　此等の經營施設は都市居住者の爲に必要なことであり、而して都市の土地は居住者に利用されるのであるから、此等の經營施設は廣義の都市土地改良の事業である。經營施設の利益は都市の土地が享受するのであるから、之に負擔せしむることは正當であり公平である。第四　卽ち絕好無比の好財源であるのみならず、之が爲に貸地料の値上其の他社會政策上の見地より惡影響を來さない。（地代昂騰の傾向は經營施設の結果生ずるであらう、併し課稅其の事は土地收益の遞減の爲に土地價格を低下せしむる效果がある筈である。）第五　啻に焦眉當面の都市經營の財源を供するに止まらず、都市事業に付利益を受ける者に公費を負擔させると云ふ地方制度の善良なる方針を採ることが出來て、從來本邦地方行政の根本的缺陷を救ふことが出來る。右の理由で都市土地課稅制度の改善が最も緊要な事であると考へるのである。

八　暫定的提案　然らば其の方法は如何。吾人は地方税制限に關する法律に、第一案姑息的なやり方としては、市及内務大臣の指定する町村に於て都市計畫道路下水上水交通機關整備費に充つるが爲必要あるときは現行制限率の外尙地租の五倍までを賦課することを得とするか。第二案として現行制限法の規定は市及内務大臣の指定する町村に於て、都市計畫道路下水上水交通機關整備費に充つるが爲、土地の賃貸價格を標準とする特別税を設くることを妨げずと云ふ樣な規定を設くる立法手續を採ることを提唱する。

九　國有土地に對する地方税賦課　次には官有地課税除外制度の當否、官有地にも市費を負擔せしむべきものではないかの問題がある。國有地に地租を課さないのは國としては理由があらうが市町村が免税すべき理由はない。道路堤塘河川池沼公園等の公共用地に課税しない事は理由があるが、元來市町村の事業の大部分は土地家屋等の利用を完全ならしむるが爲めの施設であるから、官廳に於ても水道料金電氣料金瓦斯料金を納めると同樣の意味合で、道路都市計畫上下水交通機關整備費等を分擔するのが當然であり公平である。道路に付ては人道の部分又人道車道の區分の無い所では四分の一迄の舖裝工事費を兩側の土地家屋に負擔せ

しめると云ふが如き場合に、道路に沿ふ所の官廳其の他國有土地建物が市町村費を分擔することは當然であると思ふ。英國に於ては當初は我國と同樣に國有不動産を免稅とする規定があつたが、千八百六十年から先づ町村内の不動産課稅價格七分一以上の國有不動産ある場合に於て町村稅額と同額を國庫から補給することゝなり、千八百七十五年以來は王宮を除くの外一切の國有財産に付ては市町村稅に相當する額を交付することになり、國の歳出豫算に計上することゝなつた。

右の問題は農村山村等に御料地が澤山に存する場合に實際問題として起り、例へば靜岡縣三方ヶ原御料地などでは英國の例と同じ樣に町村稅と同額を下賜されることゝなつた。宮殿地百萬坪を別として東京市に於ける國有地百七十萬坪即民有地積の二割に當る國有地に付き市費分擔を要求することは正當であつて、早晩右の問題が實際的に解決せらるべき時機が來るかと思はれる。元國費負擔である皇城外郭營繕費を東京市の經濟に移したので、當分の內國庫から補給をすると云ふので、內務省所管に一萬九千圓を計上してあるが、此れ計りでは何事も爲し得ないことゝ思はれる。都市計畫の爲に必要な國有地を無償に下付したり、河岸地を財源として下付することも未だ問題の中心に觸れて居ない。都市經營事業の本質を明に理解する以上は、國有不動產の都市の經營費分擔の問題を、內務省の側から一日も早く解決する樣に努むべきものであると思はれる。

第二項　地方費支出の性質に應じて適當なる收入の途を講ずべく、豫算式亦此の趣旨を以て改正すべし

一　地方的公共的施設と國家的負擔的施設　地方團體の事業は大別して純地方的公共的施設と國家的負擔的施設の二とする。前者は地方團體員の共同の福利を增進するが爲にする施設で本來の地方團體の事業である。後者は國家的利害の問題であるけれども其の實行は地方の利害に密接な關係を有し、且地方團體をして之に當らしめることが、實績を擧げる上に適當であるので、地方團體の事業としたものである。卽初等敎育救貧警察幹線道路公共衞生犯罪人不良者低能者に對する施設の如きは之である。此等の大別に應じて收入も性質を異にし、殊に後者に付ては國庫から補給すべきものであると云ふのが英國に於て唱へらるゝ所である。尙又國庫補給金以外の收入の方法としては、專ら所謂負擔能力に應じて課稅する方法に依ることを必要とし、之に對して純地方的公共的事業は專ら公共團體自身の收入で企畫し、

且其の財源を享受する所の利益に應じて負擔せしむる方法を講ずべきものとする。

二　國家負擔的施設と人税收入　右の見地は我國に於ても行はれて居るので、義務敎育費國庫負擔の問題は其の中心である。警察費の國庫下渡、國道改修補助、癩療養所結核療養所等の補助、感化院補助の如きは其の一端である。而して地方團體の事業の性質に應じて人税物税の配合を適當にすべきものと考へられた。此の見地に於て我國地方財源が人税收入に偏重して物税收入の少ないことは、地方公共事業の振興を阻害すること夥だしいものがあつた様に思ふ。加之漸次物税に轉化し様とする傾向にあつた戶數割を人税に引き戻した戶數割規則は、甚しく地方財政を退歩せしめたと云ふことが出來ると思はれる。

三　戶數割と英國救貧税　戶數割の由來と、英國地方税制の沿革を對照研究すると頗る興味がある様に思ふ。救貧税の負擔が各人の納税力に應ずべしとする制度から、漸次に不動產課税に進化した經路はエドウィンカナンの英國地方税史で巧妙に說明して居る。我戶數割も各戶に公費を割付ける制度から進化して、市街地の家屋税に變化して來たものを、兩者の間何等の連絡なしとし、戶數割を所得税の變體にしてしまつた事などは頗る遺憾である。

四　豫算式の缺陷　地方團體の收入支出を對照し適當の財政計畫を策立するが爲にする現行

の豫算樣式は甚だ缺點の多いものと思はれる。卽歲入に付ては實質上の分類に從はず、唯單に法律上の性質に依る形式的區分をして居る。各個歲出と關聯する歲入との對照の途が缺けて居る。例之使用料として授業料と電車收入を竝べて比較し又は合算した所で何等の實益はない。何等の關聯もない。之を學校費電氣事業費と對照するに於て始めて有意義になる。現行豫算式は此の見易さの事柄を看過して居る。歲出の各區分は大分類を置かないが爲に大觀するの便宜を缺く。爲に多くの都市事業や財產に關する收支の如き無數の特別會計を作る傾向を馴致して豫算統一の方針に戾るの結果を來した。例之東京市の水道電車電氣養育院事業公債等は悉く特別會計にして居るのである。

五　豫算式改正提案　依つて吾人は地方團體の豫算樣式を改めて英國や獨逸の例と同樣に、

（一）　地方團體の事業に從ひ歲入歲出を區分することゝしたい。從來の說明では地方財政殊に市町村財政は財產收入を第一位とすべしと云ふのであるが此の說明に自分は滿足しない。市制町村制の規定は財產收入や各歲出に關する歲入を差引いて其の不足分を課稅に求めることゝすべしとするのである。何故かと云へば地方稅は國稅と異なり「タックス」に非ずして「レート」である。國稅の稅率は一度定めると之を動かさないで租稅の收入は課稅物件の増減に從つて增減する。之に反して地方税は歳出に對する歳入不足を課税物件に割付けるのである。地方税を何々割と云ふのは此の故で税率は年々增減するのが當然である。從つて國の財政に在つては入るを計つて出るを制するのであるが、地方財政は歳出を決定して不足額を地方税で徵收する事とするのである。從つて地方税は豫算の最後に來るのが當然である。

（二）地方團體の機關の構成又は事業の性質に應じて豫算の大分類、例之國の豫算の各省所管の如き分類を置くこと。

（三）特別會計を設けしめざること。

等の改正を加へ地方財政に付き收入と支出との關係を密接に連絡させることは頗る有益必要の措置であると思ふ。

第三項　市廳を市役所即刀筆的事務處理の場所と觀るの風を改むべし

一　外國市廳の偉觀　我國の市役所に佛蘭西大革命の中心となつた巴里市廳や、英國憲政の發達に多大の歷史を留めて居る倫敦市廳や乃至はハンザ同盟諸市の如き歷史的の背景の無い事は止むを得ない。併しウエストミンスター橋を斜に向ひ會つて國會議事堂と相競はんとする倫敦カウンチー廳舍が竣功し、鐘劇《グロッケンスピール》を每日十一時から正門の塔の上に演出させるミュンヘン新市廳、ライプチヒハンノーバー又はコッペンハーゲンの新しい建築に比ぶべきものがないのは甚遺憾である。紐育の港から眺めた市廳の新建物がウールワースの摩天樓に伍して居る所や、桑港の市廳公會堂圖書館の一團の建物又は對岸のオークランド市の嶄然として高い市廳の建物を見ても、市の中心が有形的にも無形的にも玆に存するかと思はれる。

二　外國都市と市民の日常生活　地方團體と吾人の日常生活とが密接に關聯して居ることから、地方團體の利害休戚に勢ひ熱心とならざるを得ない。我國に於ては市民と市役所との交涉は槪して薄い感がしてならない。大戰に際して獨逸軍の侵入に對して市住民の生命財產の保全に努めたブリュッセルやアンヴエルの市廳が、市民にとつて最も尊いものであるを感じ、獨逸の各都市が戰時の食糧管理や住宅割當に直接市民の生活保障に努めた事など、非常の際の事であるから別としても、彼に在りては市民と市廳の關係は我國の如き單なる法律的事務的の關係に止まらない樣に思はれる。我國に於て市町村の仕事を單に法律的行政的に見る風も改めたいと思ふ。獨逸市廳の地下室が市民饗宴の料理店であり、巴里市廳に大舞踏會を催し東倫敦貧民窟に近い區役所にも舞踏會を催すとの廣告を見て我國に於て曾て存した村芝居盆踊などまで壓迫され、娯樂嬉戲の如き事は警察取締の目的たるの外、市行政の目的たらずと見られる傾を不思議に感ずる。氏神の祭典さへも公費支出を許されない。

三　市廳と市民生活　市廳と市民の關係は、生死冠婚食物住居等迄離るべからざる關係であり、出生の戸籍記入や捨兒の引受から死亡埋火葬の事乃至行旅病死人の世話などを始とし、ブリュッセル市廳には立派な結婚式場がある。此の如き市民生活の中心たる市廳には、單純なる事務室の外に、市民が自由に出入の出來る廣間や、市民が集まつて協議をしたり饗宴を爲し得る場所も欲しい。昔は帝王諸侯は宮殿樓閣を作つて居所にしたり威容を示したものであるが、今日では市廳の如き公共的建物に市民共力して、相當の紀念となり且日常生活の中心となる建造物を作りたいと思はれる。

四　結論　曾て内務省の從來の解釋に從ふときは彼の御大典御大喪等の際に於ける市の諸種の施設の如きは、如何にして公共的事務と説明するかに苦しむと云ふ論を聞いた事がある。市役所町村役場は質素な建物であることを勸め、單に執務の便宜と市民町村民出入の便宜を推稱した考へ方は何とか少し寛りした見方に改めたいと思ふ。市町村の仕事も一層人情味のあるものとしたい。

第四項　市吏員任用の制を改むべし

一　官吏と市吏員との轉職を圓滑ならしむるの途　市吏員は市長が任命する。市長は自由に適材を拔擢登庸すれば宜しい。市制は右の如き立場で規定されて居る。此の外に何等の工夫を凝らされない樣である。官吏が市吏員になつて後都合があつて再び官吏となる場合にも現在では何等の規定がない。市役所に於て重要なる國家事務を處理することは勿論、市其ものの事業は國家的にも重要であるが、國家は市吏員に對して甚だ冷淡なる態度を採つて居る。吾人は官吏が市吏員となる場合には恩給權退官賜金權を喪失することなしに官を辭し得るの規定、辯護士が判檢事となる場合の高等官々等の規定と同樣に、高等試驗委員の認めたる一定の市吏員の職に在つた者が高等官となる場合には、例へば市吏員在職年數三年に付官等を一等陞し得るが如き連絡規定を作ることは急務であり且至當の事であると思ふ。

二　名譽職の推薦紹介の排斥　市吏員の任用に付、現行制度は全然市長の專權に一任して居る。此の事可なるが如くして實は頗る不可である。英國に於て地方團體の職員を募集する場合には、常に市の名譽職の推薦紹介等に依り就職せんと企圖する者は全然任用資格を失ふべき旨を規定して居る。一體多數の人材を要する場合に於て何等の制度なく何等の傳統的風習の存しない場合に於ては、黨緣情實に依る選任が兎角に多くなつて人材登庸の本義に遠ざかる。名譽職員から請託されると成るべく其の人を採用することゝなる。弊害は其處に釀生される。

三　市吏員階級の人材缺乏　官界には缺點があらうが奏任階級を通じて常に勅任階級に陞り得、且現在の勅任階級に劣らぬ人材が澤山に存する。之に反して我大都市に於ては市吏員階級に殆ど人物がない。東京市政の根本的弊害は課長級に人材のない事であり、又課長の地位が官廳のそれに比して數段も下位に在る事であると思ふ。大學卒業の人材が幾人東京市に入るとするか。東京市吏員の質を改めてかゝらなければ東京市政の刷新は望み難いと思ふ。

四　市吏員と名譽職員との惡因緣斷絕の規定　從來東京市政の腐敗は市の課長が市會議員に左右せられ市會議員との關係を婉曲にすることが第一義とせられた點に在ると思はれる。仍つて吾人は此風潮を改善するが爲に市の條例規則（或は此の如きは條例規則とすべき性質のものでないと云ふ者があるかも知れぬが採るに足らない）又は市會の決議として、市吏員の任用に際して市名譽職員の推薦紹介を求め又は市名譽職員に依つて運動した者は任用せざること、任用後發覺した場合は解職すること竝に就職後に於て名譽職員と請託關係あることを禁ずること等の規定を設けたい。論者は市長は其の積りでやれば宜しいと云ふかも知れない。併し傳統的の惡風潮を一新するには此の如き明瞭なる方法を採ることが必要である。右の方法は市吏員と市會議員との惡因緣を一刀兩斷するの良法であると思ふ。

五　內務省採用法學士を市吏員とすること　右の方法を講じた上で吾人は內務省東京市諒解の上で、內務省へ採用を希望して來る法學士中から、毎年十人の有爲の青年を選拔して東京市に就職せしめることゝしたい。此の如くして五年を經十年を過ぐれば東京市政は始めて安心の出來るものとならう。夫れ政を成すは人に在りで、人材を集めることが市政改善の第一義であると思はれる。

六　公開競爭に依る市吏員任用制度　英米の都市に於て事務を處理する吏員の任用に付、公開競爭の原則を採り、市に吏員を採用する場合に於ては、常に廣告して希望者を募り、其の最も適任者を簡拔して任用する方法を採つて居ること、又英國に於て文豪マコーレー卿の東印度會社々員任用に付、競爭試驗の制を開始して以來、今日の官公吏公開競爭の制に發達した事情等を考慮すると、我國に於ても一般的に官公吏に付て講究して早晩此制度を採る必要があらうと思はれる。即文官任用令の制限規定は勅任官に付ては現在の規定を緩和し又は全然削除する方向に進むべきであるが、市吏員及一般官吏に通じ公開競爭の原則を採ることが結局の方針たるべきであらうと思ふ。

第五項　市政報告書を完備せしむべし

一　外國都市の市政報告　上海に行くと行政委員會の市政報告書が三卷數百頁の紙幅で納税者に對して市政の委曲を詳述してあることを發見する。伯林市では世界大戰に於ける伯林五年間の市の活動と題する浩瀚な書物が市の記錄官に依つて公刊されて居る。倫敦市政報告の詳密な事は言ふ迄もなく、桑港では市の特許狀に年々報告書の提出を命じて數百頁の詳細な記述で最近一ヶ年間の市政狀況は明になつて居る。

二　官公署の報告書の不備　我國に於て官廳公共團體の斯種の報告書は頗る不完全である。國際聯盟規約では委任統治の年報提出の規定があり、我國では南洋統治年報を二同提出したのであるが、如何なる狀況に南洋が統治されて居るかは思ふに我國の政治家行政官などの黑人筋の間にも殆ど注意されない有樣かと思はれる。議會などにも政府に系統的な詳細な年報を要求すると云ふ氣風に乏しいし、政府亦記錄の制度が十分に行はれて居ないので、官廳の年報は其の數少なく、在るものも甚だ不完全である。

三　文書課長の記錄作成の任務　元來各省の文書課長は其の省行政百般の記錄の任務を有するので、詳密な年報を作製し官界議會國民に諒解を得て置くべき筋のものであるが、此の事全く等閑に付せられて居る。吾人は之を改善するのが急務であると思ふ。普魯西の內務省は或學者に依囑して社會政策的經濟的の書目を編纂させて每月刊行して居り、更に財政學者に地方財政統計及其の解說の作成を依囑して居る。斯種のやり方も我國で考慮する必要があらう。

四　市制の市事務報告の規定　市制には市長が市會に豫算を提出する場合には併せて事務報告書と財產表を提出すべしと規定して居る。『市制町村制正義』は之を解して豫算決議の材料とするのだと云ふが吾人は之を淺薄な見解だと思ふ。元來市制が之を單に事務報告と云ふのは語弊があつて、今日實際では系統もなければ連絡もない殆ど無意義に近い統計數字を列ねて、事務を報告したりとして居り世間も亦之を怪まない。尤も事務報告などは當局者も監督官廳も之を無視輕視して凡て眼中に無い樣である。

五　委任事務報告義務　委任に關する民法の規定には受任者は委任者に對して事務處理の顚末を報告する義務があるとしてある。銀行會社も營業報告が株主總會への主要なる議題である。獨り市の事務報告は何故に此の如く馬鹿にされて居るのであらうか、市の當局者として市政の狀況を市民に詳細に說明して其の諒解を求めることは責任解除の重大なる意義がある。監督官廳も市政の狀況は此の事務報告否、市政報告に詳述させて系統的組織的に市政の趨向現狀を明瞭にさすべきものと思はれる。

六　監督方法としての事務報告審査　監督の一方法として事務の報告を徵する。內務報告例の如き大都市に付ても右市政報告は規定してないかと思ふ。尤も現在の事務報告は一顧の價値のないものであらうが、吾人は此の如き方法は甚だ誤まれるものと思ふ。斷片的な個々の事件の報告を徵しても市政の系統的理解がなければ、都市行政の監督指導は其の目的を達し得ない。內務省內の幾人か東京市政に通じて居らうか。東京市民の幾人か東京市政に通じて居らうか。吾人は市長助役其の他が市政の狀況を演說說明して廻つた事を多とするが、夫よりも市政報告書を詳細に作製し、市の現狀を明にすることは、今後の市政振興の基礎であると思ふ。内務省も亦右の如き市政報告書は各都市の公文書の最重要なるものとして、其の完備を圖らしめ、内務報告の第一に位すべきものとすることが必要であると思ふ。

第五章　地方議會に於ける不信任決議

一　決議案の始め

石井研堂氏の著書『明治事物根源』に決議案の始を左の如く書いて居る。

『鳩山和夫明治二十二三年頃東京府會議員たりし。府知事芳川顯正が虎刺病々院のことにつき、出席を言ひやれど毎々屬官のみを出して出席せず。よりて鳩山「芳川知事は府民に不親切なり」との決議案を出せり。之を出す前に沼間守一に相謀りしに、沼間「一體決議案とは如何なるものぞ」と問ふ。鳩山は歐米の例を引き「ボートヲブデビジエンとは政府の信認を問ふか、國體の意思を發表する方法なり」と言ふ。沼間「それにて分りたり」と言ふにぞ、鳩山之を議場に提出せしに、案の如く通過せり。この後彼方此方の縣會等にて決議案といふことを始めたるが、その元祖はこの鳩山對芳川の時なり。』

私の調査した所では明治二十二三年頃とあるは誤りであつて、明治十五年八月八日に此決議があつたのである。東京府會は此の時までに臨時會三回通常會四回を開き第四回目の臨時會での事である。決議は左の文言である。

芳川府知事ヲ不親切ト見認ムル件

明治十五年八月八日　發議者鳩山和夫

東京府會ニ於テハ今般東京府知事芳川顯正ガ、流行病豫防費支出案ニ關スル府會ノ決議ヲ認可セザル旨達セラルルニ際シ、自ラ出席セザルノミナラズ、代理ヲ以テ其不認可ノ理由ヲ説明スルコトヲ拒ミタルハ、東京府民ニ對シ甚ダ不親切ナル行爲ニシテ甚ダ不當ナル行爲ト認ム。

二　地方議會に於ける不信任決議を否認するの不合理

一體立憲制度の下に於ける國務大臣信任不信任の決議は、政治上極めて重要なる意義を有する。時の政府が下院の多數黨の支持を受くるや否や、下院に根據を有するや否やの證明は、專ら信任不信任の決議に依て發表せられるのである。合理的にして公明正大なる政局の推移は、信任決議不信任決議の成敗に依つて左右せられる。從つて帝國議會に於て國務大臣の信任不信任を議決することは、寧ろ議會の當然なる重要權限と目されて居る。啻に不信任決議が合理的であるのみならず、寧ろ立憲制度の運用上必要缺くべからざるものなりと認められて居る。然るに地方議會に於ける理事者の信任不信任の決議は、從來に於ける公權的解釋に依れば、總て地方議會の權限を超越するものとせられて、匡正取消の目的たるべきものとせられて來た。私は區々たる解釋論を能事とするものではない。地方議會の權限論として不信任決議は權限を超越するものに非ずとの見解を持して居る。而して地方自治行政の健全なる發達振興を期する上に於て、地方議會の各般の合理的なる意思の發表、各種の決議を當然容認すべしとするものである。且地方議會と帝國議會と國政と地方自治行政と各行方を異にすべきものがあるけれども、共に國民參政權の發露の方法として、議會對理事者の關係に於て同樣の推移發展を期待すべきものがあると思ふ。地方議會に於ける不信任決議は、地方議會の權限の範圍に屬すとするの解釋論から、進んで不信任決議の運用に依つて地方自治體の理事者の進退人選を圓滑ならしめることは、實際上極めて重大なる意義價値を有するものと考へるのである。仍つて地方議會に於ける不信任決議の沿革から、違法論の根據を考査し、其の實際上の效果如何を論究せんとするものである。

三　地方議會に於ける不信任決議に關する行政判例

地方議會に於ける理事者不信任決議に對しては、左記の行政裁判例を參照する必要がある。

府縣會ガ府縣知事の解任ヲ內務大臣ニ建議スルコトノ議決ヲ爲シタルハ、府縣制第十七條第二項ニ定メタル權限ヲ越エタルモノトス。

郡會ガ內務大臣ヘ陳情書ヲ呈スルコト、及縣知事ヘ辭職ノ勸告ヲ爲スコトノ議決ヲ爲シタルハ越權ナリ。

郡會ノ權限ハ郡制ニ規定セル範圍內ニ限ルモノトス。故ニ郡會ガ越權ノ議決ヲ爲シタルトキハ、郡制第七十五條ニ依リ郡長ハ其ノ執行ヲ停止スルコトヲ得ベシ。從テ郡會ガ一個人トシテ憲法上獲得シタル請願權ヲ執行スルニ在リトシ、縣會ニ於テ議決シタル土木費ノ取消ヲ、內務大臣ニ請願センコトヲ議決シタルハ越權ナルヲ以テ、郡長之ガ執行ヲ停止シタ

ル ハ適法ナリトス。

町村會ニ於テ不信任ヲ議スル ハ越權ナリ。

行政實例に關しては坊間多數の例を傳へるものがあるけれども、眞に內務省議なりや何の件に對する何府縣に對する通牒又は回答なりやを調べて見ると、概ね其根據の存せざるものである。『市制町村制逐條示解』や『市制町村制正義』が越權の議決の例に當然說明を要せざる所の事項として、理事者不信任議決を擧げて居るけれども、私は之に何等の權威と尊敬と信用とを持ち得ないものである。左の實例は玆に引用する必要がある。

市制第九十條第三項ノ疑義ニ關スル省議決定「市會ニ於テ不信任ノ決議ヲ爲シタル市長ノ提案ハ之ヲ審議セズトノ決議ハ市制第九十條第三項ニ依リ取消スベキヤ」ノ電報照會ニ對シ、地方局長ヨリ「市長ノ提案ヲ審議セズトノ市會ノ決議ハ取消シ得ベキモノト存ズ」ト返電セリ。

四　不信任決議に關する判例と實例

私は尙姑く判例と實例の探討をした上で、論議を進めることを便宜と認める。

郡町村ノ官公吏ガ各種團體ノ囑託ヲ受ケ、寄附金又ハ會員ノ募集ニ從事シ、爲ニ郡町村ノ行政事務ニ澁滯ヲ來シ、又ハ民人ノ本意ニ反スルノ支出ヲ爲サシムルガ如キ所爲アルニ於テハ、郡會ハ郡制第三十二條ニ依リ其ノ所爲ニ關シ意見書ヲ呈出スルコトヲ得。

大正九年十月七日の行政裁判所の判決は、佐賀市の近くに在つた佐賀縣立農學校を他に移轉する佐賀縣の計畫に對して、佐賀市會は之を中止せしめんとし、知事に意見書を提出し及び口頭陳情を爲す爲委員を選出するの議決を爲し、併せて意見書の起草委員と口頭陳述の委員とを選出した。佐賀縣知事は之を以て漫に縣政に容喙する越權の事であるとして議決及選擧を取消したのであるが、行政裁判所は農學校の移轉は、佐賀市の公益に關する事件であると認定し、從つて之に關する意見書を提出することは、市會の權限に屬する。口頭陳述に關する議決は市會の權限外の行爲として、取消したのは正當であるが、意見書の提出に關する議決を取消したのは違法であると判決した。

私は兩三年前青森縣知事の交迭が極めて頻繁であり、地方官異動の風評が傳はつたので、青森縣縣會は當時在任日尚淺き知事を交迭せざらんことを內務大臣に建議するの決議をしたと言ふ事を記憶して居る。私は唯今之を公文書に付て調査する暇を有しないが、私の記憶をたどつて書いて見ると、當時の知事は右縣會の決議に對し、一は法律上之を越權の決議なりや否やに疑あると、一は自己身上に關する問題であるので、其の決議に對する處置如何を内務省に電照した。内務省の回答は知事の處置に任せると云ふ意味であつたかと記憶する。一體此の種の場合に於ける内務省の回答は簡單に過ぎて不親切の感があり、眞意を捕捉し難い例が多い。決議は越權でないとするのか、越權であるが不問に付して差措いても差支ないと云ふのか、多分後者の意味であらうと思ふ。

五　不信任決議を越權なりとする理由根據の檢討

私は不信任決議に關する事例を、舊府縣制郡制の時代のものをも其の儘引用した。强いて區別して論ずるには及ばないと考へたからである。不信任決議を越權なりとする理論上の根據は私の見る所を以てすれば二點を出でない。第一は府縣會の議決事項は法律に列擧されて居るので、其の以外に於て決議することは越權であると謂ふのである。此の理由は議決事項が概括的に規定してあり、法律は例示的に概目を掲ぐる所の市會町村會に付ては、何等の論據とならないのである。理事者不信任決議は府縣會郡會と市會町村會とに於て、一は越權たり、他は越權たらずと爲すべきであるか否か、之が一派の人々の主張する所であるか否かは私は知らない。次に府縣會郡會に於ても府縣郡の公益に關する事件に付意見書提出の途がある。理事者不信任を監督官廳に提出する意見書中に掲ぐることは、府縣會の例擧主義の權限の規定に違背するものではない。帝國議會の國務大臣不信任案も時に依つて上奏案の形式を採ることもある。事の極めて重大である場合或は政局の狀況によつては、所謂彈劾上奏案となつて不信任決議をする事例があり、又河野磐州翁の議長時代の如き開院式の勅語に對する奉答文中に政府を彈劾した例もある。理事者が官吏たる府縣に於て其の不信任、從つて其の更迭又は退官を要望する意味に於ける意見書提出を見ることは自然の順序である。地方議會が不適任と見、地方の公益に反する施設を爲す者と認める場合に於て、公益上理事者の更迭解任を急務なりとする意見書を提出することを以て、地方公共團體の公益に關する事件に非ずと解することは私は無理であると思ふ。更に地方議會の議決は法律的效果あるものに限るとする思想がある。私は行政當路の士が形式的法律思想に囚はれて、行政施設を單に法律的に見るの流弊を認める。行政の社會的道德的效果を一層重視する必要がある。

地方議會は單に法律的效果ある事柄のみを議決するものではない。地方議會は概ね大正天皇の御崩御に對して奉悼の誠意を披瀝するの議決をしたが、之を地方議會の權限に屬せざる無效の議決なりと説明するが如きは、聊か法律常識を缺くものと謂はねばならぬ。或は法律的效果を伴はざる議決は之を法律問題以外に置き、其の效力を論ずるに及ばないから、從つて之を不問に付し其儘差措くのであると謂ふ。不信任決議なるものは實は法律的效果を生ずべきものではない。社會的政治的に意義があるのである。地方議會も人間の集團であるから、集團的感情の發露意見の表明があることは當然の事である。形式から見て不信任決議を無效なりとするは論據が立たないと考へる。

六　不信任決議と理事者の進退

或は不信任決議は理事者の進退身分等地方議會の容喙し參與し得ざる事項に關するが故に越權なりと謂ふものがある。此の見方は實質に關するものであつて、此の思想よりすれば府縣會たると市町村會たるとを問はず、將又帝國議會に於ても不信任決議は越權であると謂ふべきである。何となれば國務大臣は天皇の任免し給ふ所であるからである。併し不信任決議なるものは、直に理事者を進退せしめる法律上の效果を持つものではない。政治上の效果として進退の原因をなすことを目的とするのである。帝國議會の不信任決議に對して、國務大臣は法律上何等羈束せられるものではない。唯下院の支持を得ざることが明なる場合は、圓滿に國務を遂行し難いと謂ふ理由を以て、立憲制度の慣例上進退を決するのである。解散によつて、形勢を轉じて下院の支持を得る見込があれば、解散を以て應戰し、然らざれば闕下に辭表を捧呈するのである。地方議會の場合に於ても同樣に主務官廳は地方議會の理事者に對する態度を以て理事者進退轉免の理由とすればよいのである。政黨支部其の他の地方政客等の內密なる進退轉免の要請運動よりも、地方議會の公然の論議表決は一層公明正大であり且合理的である。

元來地方公共團體の公益に關する事件に付、意見書を提出することを認める以上は、其の事は當然當該地方議會の權限外の事である。何となれば若し權限內であれば、地方議會自ら之を自由に處置し解決すればよいのである。地方公共團體の公益に關する事件であつて、而も地方議會の權限に屬せざるが故に之を直接處置し解決するを得ない。卽ち或は之を理事者の考慮を求め、或は中央官廳の施設を促がし、改善援助の方途に出でられんことを要望するのであるから、意見書の內容は地方議會の權限外の事項たることは寧ろ當然である。先年大阪府が所得税附加税二十錢餘の提案を爲したに對し、大阪市會は財源及市民負擔に關する所から、大阪府知事及内務大臣に意見書を提出し、特に内務大臣に對する意見書中には之に對して監督上機宜の處置を講ぜられんことを要望して居る。事柄は大阪府の權限であり、要望する善後處置は府知事又は内務大臣の權限である。此の重大事案に付て私は大阪市會の意見書議決を越權なり取消すべきものなりと言ふ見解あるを知らない。而して私は意見書とあるが故に文書を以て爲し得るに止まり、口頭陳情の委員選擧は越權なりと云ふことも、現在の所爭の無い所であると思ふけれども、私は尙多少の意見を持つ。私は地方議會の行動は成るべく之を如實に認め、其の行動の全體を行政的に取扱ひたいと思ふ。單なる議場に於ける討議表決のみが地方議會の行動なりと見るが適當であらうか。既に委員會なるものは之を認めるが例である。協議會と謂ひ地方議會事務局と謂ひ各派交渉と謂ふ、公開議場に於ける公の行動の準備としての各種の重要なる段階がある。

此の意味に於て口頭陳情委員又は實行委員の如きは、現在の所では協議會に於て選擧すべきものであらうが、將來地方議會の行動の進歩と共に法規の進歩を見る場合には、其の取扱も改まることもあらうかと思ふ。

七　不信任決議に依る理事者進退の慣例の利害

私は地方議會に於ける不信任決議を越權なりとし來つた從來の公權的解釋は、畢竟往時の官僚思想の遺物に過ぎないと思ふ。地方行政を擔任する地方官が地方議會に於て、其の進退を公然論議表決せられることを以て地方官憲の權威に關し、從つて地方施治に惡影響を及ぼすとする思想が、解釋論となり判例となり實際の取扱となつて來たのであらう。私は此の點に對し、沿革的に考察して相當の敬意を表するものである。然るに拘らず最早今日に於ては、不信任決議越權論を改めて然るべしと信ずる。

政黨支部其の他政黨員政客等が地方官の進退に付て、陰暗の中に運動要請するの事例は多くの人の指摘する所である。歷代の中央當局や各政黨の首腦部は努めて非理なる運動要請を聽かざらんと努めるのであるが、多少の斟酌を見ることは止むを得ない狀勢である樣に見える。浮草稼業と名づけられ世間も地方官もこれを怪しまない今日に於ては、寧ろ府縣の公選議員が公開議場に於て信任不信任を議決して、地方官の施爲が府縣住民の滿足する所なりや否やを論斷させることは、望ましい事であり合理的であり公明正大である。且不信任決議の鋭鋒に倒るゝとも、政黨員の陰險なる讒誣中傷に暗殺されるに比して遙に本懷であり男性的である。又私は東京市の如き理事者の更迭の頻繁なる所にも、不信任決議を以て進退するの例を可なりとする。市會に於ける公然の論議表決に基づき公明正大なる出處進退であつて始めて納得することが出來る。未曾有の大震火災の善後復興復舊の施設に專念すべき理事者と市會とが、內密に紛爭を事として理事者の更迭を見ることは帝都市政の爲遺憾に堪えないことである。電氣局長選擧の問題も何れの候補者も過分な適材である東京市は何れの候補者たりとも歡迎すべきであつた。唯之が爲に市長助役の退職を餘儀なくしたことは、市政の爲に損害多大であつたのである。市會改選の結果市長助役の退職は勢の然らしむる所、機先を制して退職を決し永く江戶つ兒に惜まれて去ることは、進退出處の佳なるものであらうが、東京市は尙より長く在任を懇望すべきであつたらう。假令市長の信任を必要とし特別の關係に在ることを望ましいとは謂へ、秘書官の地位と助役の地位は異なるべきである。市會滿場一致の信任を得て就任した三助役が、數月ならずして市長交迭の故を以て退職するが如きも、私は贊成し得ない所である。市の助役であるか市長其の人の助役であるかを考へれば、助役が市長の附屬物たり下隷一族郞黨なるが如き考方は一掃すべきである。東京市の爲には何人たるを問はない。理事者の在任期間を長からしむることを期すべきである。區々たる面目論や責任論に顧慮する所なく、市會の不信任決議を見るに非ずんば、理事者の變動を見ざることを要務とする。或は東京市に永く勤續すべきでないと謂ひ、或は後世子孫をして再び東京市助役たらしむる勿れと述懐したと傳へられるが、現狀の如くして進まば、有爲の人材は東京市を忌避すること一層甚しきに至るであらう。私は東京市理事者が市會公然の評決を外にして、理事者の進退に影響する所無からしめ市政安定の基礎を作られんことを希望する。

八　不信任決議以外の方法に依る理事者壓迫の手段

理事者の不信任決議を越權なりとして、地方議會に封じた結果は、政黨支部政黨員等の裏面運動となつたものであるが、或は又特に理事者を苦しめるが爲に議案の修正削減否決を試みることもある。所謂敵本主義の議決權の行使、理事者に敵意を示すが爲の議決權の行使、感情に基く議決の如きは實に不合理の甚しきものである。議決は須らく地方公共團體の利害得失より考慮して決まるべきものである。理事者に對する地方議會の滿足不滿足、感情の表示は直截簡明に信任不信任決議を以てするが當然である。或は又理事者の面目の爲に議決すべしと云ふの類も一向理由とはならない、地方議會は宜しく最善と信ずる途を採るべきである。不信任の意味を以て議決權行使を左右するが如きは、地方議會の任務を辱かしむるものである。或は地方費俸給豫算の削減に依て、地方職員に對する不信任の意味を表する例もある。地方議會議員の請託要望を容れざる硬骨なる職員に對する報復手段として、俸給豫算の審議に際して兎角の論議を挾むの例は往々見受ける所であるが、之は不信任決議となつても大體同じ事である。廣く理事者地方職員の信任不信任が直接公然と地方議會に於て論議せられることゝなつた所で、自信ある理事者は何等不安を感じ又は不利益を被むる理由はない。直截簡明なる地方議會の意見の發露は却て各般施設を正當に評決し、理事者職員の進退に關する場合に於ても之を公明正大ならしめる利益がある。

九　地方議會の各種の意思表示

地方議會は感情を有する議員の集團である。地方議會が法律的效果ある議決決定選擧等の行爲の外、意思の表示を爲すことは當然である。帝國議會に於ては各種の決議の例があつて何人も其の效力を疑はない。理事者不信任の議決があれば、一方に理事者信任の決議があり、青森縣知事留任希望決議あることも何等差支へない、或は理事者の功勞を多とする感謝決議があつても不思議はない。理事者にしても或は議員にしても死者あるときは弔辭を決議することも同樣の例である。出征軍隊慰問決議凱旋軍隊歡迎決議の例も澤山に在る。理事者不信任又は叱責の決議のみを越權なりとし、理事者信任又は感謝決議は權限內なりと謂ふは不條理千萬である。行政の實際は謂ふ迄もなく此等一切の決議を適法なりとして居るのである。奉悼決議のことも併せて考へて見れば思ひ半ばに過ぎるであらう。

私は從來の形式論や偏狹なる解釋論に慊らないのである。併し近來の行政實例は陰暗の中に進境を認める。曾ては違法決議、越權決議に對しては再議又は取消若は裁決申請指揮申請地方制度は何々すべしと規定して居るので、苟くも違法決議越權決議と認めたるときは、常に必ず此等の手段を採るべきものであると主張せられたが、匡正取消等の手段は當局者其の要否を裁量して差支なきものとする解釋が夙に內務當局の採る所となつた。從つて近來に於ては地方議會の決議に付ても、持に之を匡正取消等に必要なきものは不問に付し其の儘とするの例が多く行はれる。實際の結果に於ては私の解する如く越權に非ずとすることも、越權ではあるが實害がないから其の儘見逃すと謂ふ取扱も相調和し得る場合が多い。曾て地方議會の權限を嚴密に解釋し、越權決議の問題が頻出したのが、一般に形式法理論に飽いて實際的に默過して平穩に解決する例を見たことは、私は地方制度解釋論の進步であり、地方行政の發達の結果であると思ふ。私は專ら理事者不信任決議を問題としたが、地方議會の議長副議長又は參事會員の不信任決議があり　或は又議員各自の反省を促がすの決議處決要求の決議等がある。

此等の場合に於ては地方制度が他人の身上に涉り言論することを得ずとの規定に違背せざるかの問題を生ずるのであるが、私は地方制度の趣旨は議員の言論が禮儀を失し、誹毀侮辱に涉るが如き弊害なからしむるを本旨とするのであつて、議員の公の行動に對する、此等の決議を否認するの趣旨に非ずと解する。從つて地方議會の理事者又は議員相互の不信任決議處決要求辭職勸告等の如き決議は地方議會の權限內に屬する適法の行爲であると思ふ。

十　東京府會の各種の決議の發達

私は屢〻形式的解釋法學の攻擊をした。私は行政各部が法律解釋を過當に尊重することを非とした。然るに私の排斥するのは一に抽象的解釋法學であつて、法律論と雖も歷史的比較的法律論は大に推稱すべきであることを思ふ。私は地方制度の沿革を知つて居る人が如何に寥々たるかを考へる。府縣會規則即ち明治二十年以前の制度と明治二十三年の舊府縣制と明治三十二年の府縣制との發達史の要點に付て答辯し得る地方事務官が幾人あるかを知らない。府縣に相當する英佛獨其の他の制度が眞面目に研究せられた事例を遂に聞くを得ない。私は將來ある地方事務官諸君に從來顧みられない地方制度の沿革的比較法制的研究を企てられんことを勸める。私は冒頭我が國最初の不信任決議を引用したから玆には其の他の決議の例を二三引用して此の稿を終る。明治十八年十二月十日東京府會は沼間守一君の發議に依つて左の決議を爲して居る。僞刑事横行の際興味ある史料である。決議の件名は巡査取締に關する件である。

近時巡査ノ振舞ニ付穩カナラヌ處置アリト聞知スルコト屢ナリ。依テ巡査ノ服ニハ番號ヲ以テ記號ヲ附サレタシ。左スレバ其不都合ヲ働クニアリテハ誰人モ其記號ヲ心ニ留メ置カバ、郵便ニテモ警視廳ニ報告スルヲ得テ甚ダ便ナリ、從ツテ巡査ニ於テモ注意スルコト、ナリ、善惡共ニ其功大ナルベシ。本件ハ常置委員ヨリ警視廳ニ交渉スルモノトス。

明治二十年十一月三十日本會の可決したる建議の手續は都て常置委員會に委囑する件が、

沼間守一氏の發議で決議せられて居る。

建議書ノミニテハ砲彈ト一般ニシテ、些ノ結果ヲ見ルコトナキノ恐アルニヨリ、其建議ヲ常置委員ニ託シテ府廳ニ迫ラシメ、府廳ニ於テ其說ヲ納レザルトキハ尙大政府ニ向テ建議セシメ飽迄其議ノ精神ヲ貫カントス。

明治二十六年十二月二十日松田秀雄氏の發議で「府廳舍新築落成期ノ遲延セシ等、府會ニ對スル當局者ノ行爲ハ不滿足ト認ム」と決議した。明治二十二年十月十八日田口卯吉君の發議に基く市部會決議は六十番議員武藤直中氏に對する處置の件である。市部會雪冤決議である。

嚮ニ當市部會ニ於テ娼妓賦金ヲ全廢スルコトニ決議セシハ、議員中收賄者アリタルガ爲ナリトノ世評アリテ、當時議會ハ其寃ヲ雪ガンタメ賄賂事件調査委員ナルモノヲ設ケタル程ナルニ、何ゾ圖ラン裁判所ニ於テ審問ノ末遂ニ當市部會議員中ニ收賄者アリタルコトヲ發見スルニ至ラントハ、豈悲歎ノ至ナラズヤ。蓋シ收賄者自身ニ於テハ百方辯護スルナランガ、世上公評ニアリテ其擧動アリシト信ズ、苟モ斯ル卑劣千萬ナル振舞ヲナス議員ハ、宜ク其職ヲ斥ケザルヘカラズ。然ルニ若シ當議場ニ於テ何等ノ處置ヲモナサズ、袖手傍觀ナシ居ラバ彼ノ賦金全廢ノ決議ハ一ニ收賄ニ基ケリトノ世評ヲ確ムルノ結果トモナルベシ。果シテ然ランニハ當議會ノ不面目焉ヨリ大ナルハナシ。依テ當市部會ノ決議ヲ以テ斷乎タル處置ヲナシ、市部會決議ノ潔白ナルコトヲ證明セントト欲スレドモ、法律上其正文ナキハ實ニ遺憾ノ至ナリ。仍テ特ニ「當府會ノ權限若シ之ヲ許サバ、六十番議員武藤直中ハ退職者タラシムベキナリ。然ルニ現時ノ制ニ於テ此權限ナキヲ以テ止ムヲ得ズ之ヲ放宥ス」トノ意ヲ決議スルモノトス。

明治二十年十一月三十日内務大藏兩大臣に於て地方經濟を重んぜらるゝを謝する件の決議がある。二十三年三月七日前府會議長沼間守一氏の功勞を認むるの件の決議がある。多年議員たり正副議長たりし芳野世經氏の功勞を謝する件、永年書記官たりし銀林綱男氏の勤勞を謝する件、府廳舍建築に關し技師妻木賴黃氏に謝意を表する件の決議がある。明治二十二年二月十八日憲法發布の盛典の翌日上野公園に臨幸あらせられたことに對する謝恩表捧呈の件の決議がある。明治二十三年十一月二十九日帝國議會開院の賀詞提出の件の決議がある。左の通りである。

維時明治二十三年十一月二十九日ヲ以テ帝國議會開院ノ盛典ヲ擧ラル。瑞氣堂ニ滿テ歡呼衢ニ溢ル。嗟呼議員諸君ハ國選ヲ以テ國論ニ代ル。其榮ノ大ナル賀スベク、其任ノ重キ想フベシ。明良上ニ在リ、讜言諤々以テ、國是ヲ立テ、上ハ聖上ノ周澤ニ對答シ、下ハ人民ニ幸福ヲ與フルノ日、期シテ待ツベキナリ。生等幸ニ此首都ニ住シテ、斯ノ盛世ニ遭遇スルヲ得、欣喜手舞ヒ足ノ踏ム所ヲ知ラズ。洵ニ聖慮ノ渥キニ感ズ。玆ニ恭シク盛式ヲ賀シ、併テ議員諸君ノ萬福ヲ祈ル。

東京府會議員

貴族院議長　伯爵　伊藤　博文殿
衆議院議長　　　　中島　信行殿

第六章　東京市會に於ける不信任決議

一　自治權確立の爲の不信任決議權再論

東京市會に於ける西久保市長不信任決議は、我地方自治の發達振興の道程に於て極めて重要なる一史實である。私は其の當否の問題を全然引離して單に市會決議權の範圍の問題として研究を進めて見たい。市會は市長不信任を決議し得るや否やは曾て地方議會に於ける不信任決議に關する小研究を發表した私にとつては、現實の問題として全國の耳目を聳動した東京市會の決議のあつた數箇月前一應の研究を終つたものである。其の後法制時報誌上に清水博士は私の見解に反對である旨を發表せられた。但し私は博士の御意見に服するを得ないのであつて今日に於て毫も持說を變更する理由を發見しない。私の如く官吏であり、殊に時事問題に餘り密接して居る者は、當り前ならば尙姑く緘默を守るべきであるかも知れない。亦若し曾て前論文を發表しなかつたならば、私は尙緘默したであらうと思ふのであるが、既に私は所見を述べ盡して居り、且之を著書の中に採錄して居る。私が此の問題に付て更に論究を進めて行くのは、自然の成行であり且私の職務に何等の惡影響を及ぼさないと信ずる。私の承知する範圍に於ては不信任決議に關する研究は、未だ甚だ不十分である。行政實例判例を云々する者も實は詮索十分でない感がする。而も市會決議權の範圍の廣狹如何は、夫自身自治權の範圍廣狹如何であると見ることが出來る。自治權を擁護擴充する必要を認める者は、同樣に地方議會決議權を尊重し確立し擁護するに熱心でなければならぬ。此の見地から私は本論を起草するの必要を痛感した次第である。

二　東京市會の不信任決議

私は先づ東京市會先例彙輯を材料とする。而して市會四十年の沿革上不信任決議は適法權限內のものとして有效に存在することを立證したい。明治二十八年十二月九日東京市會は全會一致左の不信任決議案を可決した。

東京市參事會東京府知事不信任決議案

不正鐵管鑄造事件ハ本市ニ取リ空前絕後ノ失政トス、失政ノ責ハ監督長官ノ怠慢ニ歸ス、我々ハ府知事三浦安君ヲ以テ市會ノ信任ヲ失フタル者ト斷定セリ、依テ此ニ決議案ヲ提出ス。

明治二十八年十二月九日　提出者　佐久間貞一　肥塚龍　小島官吾　小川三千三
鈴木信任　白石剛　石垣元七　長谷川泰　芳野世經

翌十日內務大臣から左の通解散の命令が發せられた。

秘乙第六九六號

東京府東京市會

市制第百二十條ニ依リ解散ヲ命ス

明治二十八年十二月十日

内務大臣子爵　野村靖

明治二十九年三月十日即解散後の第一回開會の市會に於て再び左の決議案を可決し、同月十二日再び市會解散の命令があつた。

決　議　案

本會ハ曩ニ市長タル府知事三浦安氏ヲ以テ市民ノ信任ヲ失ヘルモノト決議シ、爲ニ解散ノ非運ニ遭遇セリ、爾來内ニシテハ名譽職市參事會員擧テ府知事ノ招集ニ應セス、遂ニ袂ヲ連ネテ總辭職ヲ爲スノ不幸ヲ見ルアリ、之ヲ外ニシテハ市部會區會前後相繼テ三浦府知事ニ對スル信任缺乏ノ意ヲ表明シ爲メニ陸續解散ノ厄ヲ被ムルアリ。今ヤ議政行政二局ノ機關全ク其運行ヲ止メ帝都ノ自治政ハ解弛紊亂殆ト收拾スヘカラサルニ至リ、公利民福ノ阻害日ニ益〻甚シキヲ加フルニモ拘ラス三浦氏尚ホ恬トシテ其職ヲ保チ專恣獨斷更ニ民意ヲ顧ル所ナシ。嗚呼是レ何事ソヤ。

凡ソ政治家ノ尊ムヘキ所ノモノハ公共的德義ナリトス。然ルニ三浦知事ハ市民代表ノ機關皆其不信任ヲ鳴ラシ、萬般ノ政務悉ク阻格ヲ見ルニ至ルモ平然之ヲ念トセス。其頑强ニシテ徳義ヲ重セス職權ヲ濫用シテ市民ヲ侮蔑スルノ甚タシキモ亦極マレリト云ハサルヘカラス。吾人何ヲ以テカ三浦氏ニ信任ヲ置キ政務ヲ與ニスルコトヲ得ンヤ。依テ前議會ノ意思ヲ繼承シ茲ニ再ヒ三浦府知事ノ信任缺乏ヲ決議ス。

明治二十九年三月十日　提出者　野村猪三　贊成者三十七名

東京府東京市會

秘乙第一七七號

市制第百二十條ニ依リ解散ヲ命ス

明治二十九年三月十二日

内務大臣　芳川顯正

三月十日の決議案中にある通り東京府市部會區會等でも不信任決議をして、解散を命ぜられたものがある。然るに不信任決議其のものは取消をされた記錄を見ない。不信任決議は有效適法に存在して居る樣である。三浦府知事は明治二十九年三月十四日宮中顧問官に轉任した。從つて不信任問題は片づいたものらしい。當時の市制に於ては現行市制第九十條第一項第二項に相當する再議裁決申請及行政訴訟の規定はあるが、第三項に規定する如き監督官廳の違法決議又は越權決議の取消權の規定が無い樣であるから、當時の市會決議が其の儘決議として有効に存續することに不思議は無い。府知事も內務大臣も解散に依つて市會を改造したのであるが、全然失敗に終つたものであるらしい。

三　地方議會內部に於ける議長其の他の役員不信任決議

大正八年六月二十六日東京市會は左の通名譽職市參事會員の不信任を決議した。

東京市會ハ名譽職市參事會員ヲ信任セス、依テ速ニ其ノ處決ヲ求ム。

右決議ス

大正八年六月二十六日　提出者　早川庄太郎　作間耕逸　小坂梅吉　大庭重治

根岸治右衛門　田村彰一　贊成者　十八名

私の調査した所では、此の決議も亦取消された記錄を見ない。其の儘有效適法のものとして放任せられたものと思はれる。地方議會に於て理事者の不信任決議を越權違法なりと考へ之を不問に附し難い、監督權の發動に依り取消すべきものであると主張する人々も、不思議な事には地方議會內部に於ける議長不信任決議參事會員其の他役員不信任決議又は議員相互の處決要求決議等を其の儘容認すべし又は知らざる風をして看過するを賢明なるやり方なりとするかの如き觀がある。私は市會議長も市長も現行制度に於ては、等しく市會の選擧に依るものであり、且其の任期も議員の任期に依る旨又は四年とする旨法律に明定してある。市長不信任決議が越權であれば、同樣に議長不信任決議も越權でなければならない。議長不信任決議が差支なければ、市長不信任決議も差支ない筈である。此の間に議決執行の分界に依る差異を認むべき理由は無い。然るに東京市會に於て市長不信任決議が上程論議せられ、而も市長不信任決議が越權であることを反對理由の一とする人々が、議事の進行中市會議長の不信任決議の動議を提起した事柄は興味のある事である。之は單に市長不信任決議阻止の一手段として採られたのであるが、市長不信任決議に反對した人々の中に市會議長不信任決議は市會の權限に屬することを當然であると認めたことは矛盾であらうけれども、市會決議權の範圍に付ては、殆ど全會一致不信任決議を合法有效なりとするものと見ることが出來る。市會決議權を限局し、市政首腦者の信任不信任に言及するを得ないものと解することは、自治權の範圍を縮少するものである。而も地方制度の明文の上に、何等不信任決議を越權なりと解しなければならない積極的の根據は無いのである。舊式官僚思想の遺物たる因襲固陋の僻見を打破すれば、轄然大悟し得られると思ふ。之を東京市會の沿革から見ても、從來の不信任決議は總て其の儘適法有效に存續して居る。今回の不信任決議も市理事者は市制第九十條第一項第二項の再議又は裁決申請の手段に出でない樣であるから、監督官廳が取消さない限りは有效適法のものとして存續する。而も監督官廳が本件の如き問題に出シャバルことは無用の干渉である。私は此の機會に於て地方議會の不信任決議權が確定することを希望し期待する。萬一私の期待に反して監督官廳が取消處分を爲した場合に於ては、市會は宜しく地方議會の決議權擁護の爲に行政裁判所に出訴して、決議の適法不適法を論爭すべきであると思ふ。而して明治二十年代の行政判例を昭和の御代普選陪審の時代にふさはしい樣に、變更せしめる意氣を以て進むべきであらう。

四　那覇市會に於ける不信任決議

序に私は沖繩縣那覇市會解散の事例を研究して見る。此の例は不信任決議が其の儘に放置せられ、不信任決議に拘らず理事者が留任し、次に不信任を決議した理事者の提案せる豫算案は議決しないと云ふ態度に出でた爲に、市會解散となつたものであり、而も不信任決議は或は助役に對し或は市長に對する等、前後豹變して居る。地方行政史實として興味があるからである。大正十二年九月市長當間重愼が死亡したので、同月二十七日市長候補者推薦の命令があつた。麓純義を推す者と助役比嘉賀學を推す者と二派の間に、激烈なる競爭があつてから、十一月八日十八對十二にて麓が當選した。其の結果市長派助役派の爭ひが絶えず、市長派は比嘉助役に對し政治道德上當然辭職すべきであると勸告をしても、任期中であると云つて辭職しない。十三年二月二十日市會に於て市長派十九名の提案で助役の不信任を決議したが、頑として助役は退職しなかつた。次で十三年五月衆議院議員總選擧に付、麓市長は同縣第四區國頭郡から立候補して當選したが、同時に政友本黨選擧委員長として、那覇市の選擧に付て畫策した。所が岸本賀昌崎山嗣朝兩候補の競爭中、更に政友本黨公認候補として小嶺幸慶立候補し、激烈な競爭の結果岸本賀昌當選した。此の結果市會は麓市長に對する反感が釀成せられ、遂に五月二十二日の市會に於て十六名の提案で市長不信任の議決をした。此の兩度の不信任決議に對して沖繩縣知事は之を取消すに於ては、事件は却て紛糾するであらうことを虞れて放任看過した。其の後市會は數回開會せられたが、市長は帝國議會出席等の爲に市會に臨まず、常に助役に依つて招集せられ、市長排斥運動盛に行はれたけれども市長は頑として退かなかつた。其の結果反市長派は十一月十一日大正十三年度追加更正豫算其の他付議の市會に於て、不信任の議決を爲せる市長の提出したる議案は審議せずとの議決をして、此等の案は議了しないで閉會した。市長は市制第九十一條第四項に依り縣參事會の議決を申請したが、縣は出來得べくんば兩派の融和を圖つて市會をして議決せしめたいと云ふので妥協に努めたけれども不成功に歸し、縣參事會は大正十四年二月四日市會に代つて議決した。次で大正十四年二月十日の大正十四年度通常豫算付議の市會に於ても再び議案不審議の議決をした。所で右兩度の不信任を議決した市長の提案なるが故に議案を審議しないと云ふ、市會の議決は違法議決であるとして知事は二月二十一日之を取消した。然るに市會は尚反省しないで、同月二十三日の市會に三度議案不審議の議決をしたので知事は再び議決を取消した。此の如くして議案不審議の議決をして議案の審議をしないこと二回、知事の取消を見るも態度を改めないで三度同樣の決議をして、其の議員の在職する限り議案の議決を見ることが出來ない實情で、市會の任務を完うするを得ないものと認められ、市民の安寧幸福を顧みず市行政の進捗を阻害することが甚しいと云ふので、遂に沖繩縣知事内申の通内務大臣は、大正十四年四月十日市制第百六十二條に依り那覇市會の解散を命じたのである。不信任決議の最も新しい事案であるが、助役不信任決議及市長不信任決議は其の儘適法に存在して居り、唯不信任を議決した市長の提案不審議決議が違法として取消され、遂に解散となつたのであり、敢て必ずしも東京市會の不信任決議有效適法の繼續と矛盾する所は無い。私の見解と敢て撞著するものでないと考へるので事案の内容を詳記したのである。

五　衆議院議長不信任決議の成行

東京市會の市長不信任決議は、全國市町村に影響を及ぼし、或は理事者不信任決議が續出して、地方自治の擾亂を來すことを虞れる人がある。理事者對議決機關の關係は幾多考慮すべき問題を包含するのであるが、私は前段に述べた通り、不信任決議の行はれることに依つて、敢て憂ふべきものがあると思はない。不信任決議あるも尚其の地位を去らず、抗爭するの例は衆議院に於て議長星亨の採つた態度である。衆議院は最初『衆議院は議長星亨君に信任を置く能はず、同君の議長の地位に在るを欲せざるが故に同君自ら處決せられんことを望む』と決議したが、星亨は恬然として議長席を去らない。次で彈劾的上奏案を可決し、『衆議院副議長臣楠本正隆誠恐誠惶本院の決議を具し謹奏す。本院は衆議院議長星亨に信任を置く能はず、是れ臣等不明の致す所、誤て天聽を冒瀆す。恐懼の至に堪えず謹奏す』と上奏したが、『上奏の旨意は朕に議長を更迭せよと請願するに在る乎、議員自ら不明なりしとの過失を朕に謝するに止る乎、更に院議を盡せ』と、勅問になつたので衆議院は惶惑度を失した。勿論單に議長選擧の不明を恥づと云ふの意に過ぎない。『本日上奏する所臣等不明の過失を謝し奉るに在り、行文鹵莽爲に勅問を賜ふ。臣等恐懼の至に堪えず、謹んで奏す。』併し事案は之で收まらない。衆議院は一週間の出席停止を命じ結局院議を無視したことを理由として星亭の除名處分をして、議長星亭不信任決議の結末を告げた。按ずるに議會に理事者の選擧權と共に解任權を認めた場合は、勿論當然に解任することが出來る。例へば農會漁業組合産業組合の總會には理事者解任の權限があるが、地方議會には市長議長の解任權は固よりない。之を强ひて解任すると云へば、夫は權限超越であり無效である。不信任決議は解任權を行使するのではない。地方議會は市長又は議長に滿足せざるに至つたから、自發的に何とか處決せられたいと謂ふに過ぎない。何等權限を超越するものでないことは當然である。之を越權違法なりと云ふ地方行政部内の傳統的解釋は、何等成法上の根據も實際上の必要も認められない。昭和の御代の初めに於て行政部内の觀念改造の機運が正に熟して居る。

第七章　樂翁公と澁澤翁と東京市政

一　樂翁公九十九回の忌日

澁澤翁が橘の花の薫りにいとゞ昔の偲ばれると云ふ昭和二年五月十三日は、松平樂翁公の第九十九回の忌日に當る。私は東京市參與養育院長子爵澁澤榮一翁が十數年來引續いて、市外巣鴨町に在る分院内に行はれ來つて以來、第十八回となる所の記念祭に參列した。樂翁公の逸事に付て諄々として話し出される青淵翁の談片は、常住民福康寧の増進を專念すべき行政當路者に、深遠なる敎訓と暗示を與ふるもの丶如くであつた。併し私は僅に二三時間を此の意味深い記念祭に過しただけで、殘り惜しいのであつたが、机上に堆積する書類を片づけるが爲に、勤務時間内に丸の内の廳舍へ引き返すを餘儀なくされ、唯僅に車中に於て追憶に耽つたのであつた。而して左顧右眄、遠大なる識見と確乎たる信念に基く所の、永久の利福を増進すべき重要施設の缺如する現在のやり方に付て不滿を禁じ得ないのであつた。

江戸時代の民政と樂翁公の事蹟と、而して明治以降の東京の施治に付て、私は何等纏つた知識と史料を持ち合はさない。私の境遇は此等の調査考究に沒頭すべき餘裕を與へない。詳細にして正確なる史實は冀くば明年第百回の忌日を記念するに至る迄に、何人かの手に依つて明にせられたいものだと思つたのである。

二　最初の東京府會

明治十二年十月二十四日我國公選議會の最初の東京府會が、其の儘十五區共有財産處分會議として東京府廳議事堂に於て開會せられた。議員中には福澤諭吉、福地源一郎、大倉喜八郎、安田善次郎、芳野世經、堀田正養と云ふ如き顏觸れも見える。議長選擧の事があつてから東京府知事楠本正隆は瓦斯局長澁澤榮一を從へて臨席し、演説して曰ふ。『豫て配布せし議案の通り第一は共有金、第二は恩賜金、共有金は嘗て舊町會所より府廳に轉じ、夫より營繕會議所となり、又東京會議所となり、府知事赴任の時に當り、其建議により理事を府廳に引受けたり。此間の事は事務錯綜して聞取り惡きことあるべく、殊に瓦斯の如きは番外の説明のみにては詳に行届かぬこともあるべくと、知事の婆心より瓦斯局長澁澤氏に照會し、具さに其沿革を説明する樣に命じたれば、諸議員に於ても篤と聞き取るべき旨』を演説した。

半世紀以前公選議會創始の際に於て、澁澤瓦斯局長が十五區共有金處分會議に於て說明せられた內容の全體は、東京市政史上我國自治制度の淵源として、極めて重要なる意義を有するのであり、又樂翁公と青淵翁と東京市政との關係が其の中に看取し得られる。當時青淵翁は三十代の壯年であつた。私は東京十五區會議事錄から其の一部を引用する。

三　共有金に關する澁澤瓦斯局長の說明

『抑〻此共有金の起りは舊幕時代寬政以來江戶市中の地主が蓄積する所の金額に係り、所謂七步金と唱へ、當時の老中松平定信が仕法により、市中の費用を節減せし高の七分を積立たるものにして、其殘りが卽共有金の原素なり。明治維新の後も尙此法を沿襲し、町會所をも存し置きしが、明治三年十二月に至りて官より沙汰ありて其取立を停止せり。此停止の際に於て幾許の金額を存せしか、之を明言し得ざるは甚だ遺憾なれども、當時の計算を知るに由なきを以て、玆に叙述する能はず。併しながら其知り得たる所より說き起さんには、先づ東京會議所の沿革を挿みて併せ述べざるを得ず。』

四　營繕會議所東京會議所

『扨此會議所は舊町會所より胚胎し來り、明治五年五月中府廳より積立金の使用を議し、且之を管理處辨せしむる爲、府下有名の商人若干を官選し、其始めは營繕會議所の名にて建設したるものなり。而して其後更に相詢り營繕會議所は名稱の妥かならざるを以て、改めて東京會議所と稱することを請ひ、廣く府下公共に關する事務を調理したり。其際府廳より交付せられし現金高は六十七萬圓餘にて、此金は第一に道路橋梁の修繕に供し、其折偶〻露公子の來るに際し市中にて乞兒の多きは見苦しとて養育院を設けて之を驅り入れ、又墓地の開墾、瓦斯燈鑛油燈或は現華燈と云へるものを作る等、追々會議を以て其費途を定め、府廳に具申して其支給を辨ずるの手續なり。又或は府廳より下問あれば之に答辯することもありしなり。』

五　共有金管理の經過

『余が會議所の取締を任ぜられしは明治七年十一月にありて、其十七日始めて新場橋の傍、卽今の坂本學校となりし所の會議所に出でゝ、當時の議員諸君に面晤し、先づ其共有金の景況を承知したるに、曩に交付せられし六十七萬圓の額は、各種の要費に供せしを以て、殆ど瑣少の額を剩すのみなりし。其節愚考する所もありて其筋の人と相談したることもありしが、尋で八年五月に至り連々其費途も嵩み來り、遂に現金乏しきを告るに近きことありて、一時第一銀行三井銀行等より一萬圓づゝの立替金を得て僅かに支辨するの有様なるに付、如此景況に立至りて稍々心付き將來此金の散らぬ樣に保存なしたく、現に會議所所有の地所は若干あれども、地代の上りも惡ければ之を賣るに如かずと決し、府廳に建議し許可を得て、終に同年七月より悉く所有地を賣却し卽四十七萬餘圓の額を得たりしなり。』

六　會議所議員の官選と民會設置の請願

『又此間に一事を挿みて演述すべきことあり。會議所の議員は官選にして現に政府の一部分のものなり。官選の人にして民有の財產を議し得べきに非ず。宜しく體裁を一變して新たに眞正の民會を起すべしとて、其法案を設け反復詳議し、之を府廳に請願せしが、久しく其許可を得ざりき。然る上は無據今日の性質にては何分不十分なるもの故に、更に建議して其體裁を改正し、假令其議員は官選に出るも聊か議事の體面を具へ規則を設爲して、眞の議會を開かんことを欲し、其議員の增選をも府廳に建白して幸に其許可を得たり。其節までは猶瓦斯燈現華燈商法講習所等の事務を取扱ひ居たりしが、是に於て議事と行務との分界を設け更に其專任を分課したりしなり。』

七　會議所行務の府廳還納

『九年の春更に議場の意見を以て其行務は悉く府廳へ還納し、唯會議の一事に止るべきに決し、之を府廳に具申し其許可を得たるに付、同年五月二十五日を以て行務に屬する各項を都て之を府廳に納致したり。此時が卽當知事公赴任の際なりき。(中略)身代調は持參せざれども總高三十萬圓以上四十萬圓に近かるべし。之に瓦斯原資其他殘地所等を加へなば、凡七八十萬圓なるべしと考ふ。是が府廳へ還納する時の勘定洗ひ上げの處なり。』

『其節之を保存する爲に三箇條の建白をなしたり。第一に議事の體裁第二は行務還納の手續第三は資財保存の方法なり。既に是等の事を完了せし後、會議所は單に府廳の下問に應じて府下公共の利害に關することを議するの一項に止まり、其職分を怠らざりしが、九年十二月に至りて區總代選擧法を布達せられしに付、始めて眞正の民會創起の端緒たるを察知し、閏位を以て永く此會議に從事すべからざるの議を決し、同月二十日を以て府廳に上申し、翌年二月に至り其允許を得て之を解散したり。』

八　還納以後府會開會に至るの經過

『曩に會議所より還納せし各課の事務及共有金保存のことは、爾來府廳に於て調理の宜しきを得、而して其民會は當時會議所の議員が建言せし如く、遂に明治十一年の公布に依りて始て本年の府會を起すに至り、且今日此十五區總代會議を以て共有金の議事を開くに當りて、余が玆に從前の沿革を當議員諸君に縷述するの榮を得るは、實に良因好果とも云ふべきことにて、舊會議所議員の歡喜何物か之に加ふべき。是殊に余が舊議員一同に代りて深く諸君に謝する所なり。若し夫れ前に演述したる事務と計算とに於て今日より之を觀れば、或は其宜しきを得ざるもののなきを必すとすべからずと雖此は是時勢の然らしむるに依るものにして、當時に在ては勉めて其完善の計を盡したりと信ぜしなり。然りと雖若し其計算の不當なる處務の不順なる等のことありとせば、請ふ細かに推問する所あれ。余は喜で辯明を盡し詳悉を厭はざるべし。』（下略）

九　自治制以前の東京の自治

澁澤氏の演説は次で瓦斯局の始末に亘り、市政史上興味津々たるものがあるが、其の引用は他の場合に譲る。我國自治の沿革を説くものが概ね二十二年市制町村制を以て說き起し、或はモッセを擧げ山縣公に及び、自治制の創設者と見て居るのであるが、私は我國自治の本質は維新以降十年間に漸次に萌芽を見、明治十二年の府縣會開會に依つて次の大段落に進んだものと見るのである。就中帝都たる東京の自治が町會所から營繕會議所、東京會議所となり、官選議員を改めて民會創始の運動となり、而して東京府會十五區會となるに至つた沿革を以て地方自治完成の重要なる道程なりと見る。而して最初の十五區會に於て理事者の側に立つて、詳細懇切を極めた共有金沿革說明を爲して、澁澤氏が地方議會參與員の模範的態度を示されて居ることは意味深く感ずる。

十　澁澤氏と養育院

營繕會議所、東京會議所の取締として、明治七年に養育院に關係せられることゝなつてから五十有餘年、澁澤氏と養育院とは離るべからざる關係を有つことゝなつた。先年各關係の事業は後進に讓つて、老後の閑地に就かれることゝなつても、翁の市參與たり養育院長たることとは變らない。東京市を始め我國自治體の名譽職員は更迭頻繁であり、名望懿德一般の信望と尊敬を受ける人は寥々たるものであるが、五十有餘年翁が東京の救貧事業の大宗たる養育院に關係せられ、名譽職市參與の地位に在られることは、我自治體の爲慶賀に堪へない所である。東京市は既に翁の女壻の市長時代は一昔前となり、孫女壻の手に依つて著々復興の施設が遂行せられて居るのであるが、私は其の壯年時代に於て帝都自治の發達完成に努力せられ、爾後數十年終始渝らざる東京市に對する翁の盡瘁に對し、我自治行政の發達の上から欽仰措く能はざるものである。

十一　共有金と新東京の文化施設

舊幕時代に於ける民政中對浪人政策、及頻繁なる天災に對する備荒儲蓄の施設が私には興味深く感ずる。明治維新の後にも舊士族の職業問題、失業者救濟の問題、非人乞丐の收容の事などが重要な時務であつたのであらう。私は今十分なる資料を有たないのであるが、所謂七步金は初め主として備荒儲蓄、災害救濟恤救の費用に充つべき趣旨であつたものと思はれる。其の七步金が東京の土木費に使はれるに至り、或は瓦斯の經營、墓地の施設となり、明治初年の新東京の文化施設公共事業を一手に引受けるに至つたのは、興味ある事柄である。私は茲に明治五年八月の東京府の公文を引用する。『府下大小之溝渠浚方竝道路橋梁水道等修繕之儀、戊辰以來行屆兼、往々壅塞破壞之場所相增候ニ付、御堀浚竝四大橋之儀ハ四民出費可取計筈ニ候得共、此度限出格之譯ヲ以、大藏省ニテ御處分ニ相成候筈。右ハ府下人民之爲厚御趣意ニ候條其旨可奉承知候。就テハ其他之橋梁溝渠之儀ハ四民出費至當之儀ニ候處、一同難澁之折柄出金申付候テハ此上可及疲弊ニ付、篤ト及評議候處、舊町會所積立金穀之儀ハ窮民救助等之用ニ備置候得共、修繕浚方等夫々行屆候上ハ一般之便利ハ勿論工作ヲ起シ候得ハ、自然潤澤相成救助之主意ニモ不悖譯ニ付、差向右積立ヲ以入費ニ充候ハヽ可然哉ト、戶長竝地主町人之內重立候者共ヘモ相謀候處、異存無之旨申出候間、先般町會所廢止候節假ニ出納掛ヘ預リ置候金穀竝地所籾藏等、別紙記載之通總テ前書修繕之廉々ヘ爲遣拂候ニ付、取扱方之儀ハ市中身元相應之人物人選之上取扱方申付、尤修繕等之順序夫々見込爲相立、仕拂等儀ハ明細仕譯書檢查之上月末每ニ罫表ヲ以テ一般公布致候條右樣相心得可申事。但橋梁之儀舊來之通ニテハ馬車人力車通行不便利ニ付橋幅廣クシテ反ヲ減シ橋臺石据等注意可申出事。』

別紙『町會所積金穀竝地所等在高　一金六一八、一九六兩二分三朱　一洋銀三、三三八弗十セント　一錢六三三貫六五二文　一籾三九、五六一石三斗一升二合　一玄米五七二石五斗九升九合六勺　一町會所地所千七百七箇所　一深川大橋向地所土藏五棟二十二戸前　一外神田美倉橋脇同土藏十棟四十戸前　一小菅納屋三十二棟百九十戸前』當時に於ては相當の實質價値のある公有財產であつた。明治維新以降新帝都東京の近代的公共施設は此の七步金に依つて遂行せられたのである。

十二　養育院の沿革

養育院の始めは非人頭車善七をして浮浪乞丐の救護に當らしめ、次で本鄕加州藩邸內に收容所を設立し東京府養育院と名づけたのである。明治十六年東京府會は十七年度限り養育院を廢止するの決議をなし、澁澤氏は止むを得ず院長となつて一般寄附金を以て經營した。二十三年一月以降東京市に全事業と全財產を提供し市の經營する所となつた。養育院六十年の事業は救貧機關として偉大なる成績を擧げて居るのであるが、私の知る所では東京市營と謂ひながらも一般市民の負擔に依る所は極めて少額で殆ど自給自足に近いのである。却つて行路病人及死亡人取扱法に依る東京府の支出金二十數萬圓、代用感化院としての府補助一萬五千圓等が養育院經常收入の大部分を占め、財政關係より見れば東京府一般會計と極めて密接なる關係に在る。從つて私は明治十六年東京府會で府營を廢止したに拘らず、因緣淺からず東京府の負擔に待つの實際に鑑みて、法律の必然的結果ではあるけれども皮肉なる歷史的因緣であると思ふ。從來は行路病人及死亡人取扱法が一般救貧政策救貧義務の規定の不備である爲、同法の適用範圍が自ら擴張せられ、一般窮民が行路病人の形式に於て東京府の負擔に於て取扱はれることは止むを得ない傾向であつた。併し今日に於ても恤救規則に依る窮民救助の事業との關係を調節して、一般救貧制度整備に至る迄の過渡的施設を講ずるの途があり、且之を解決する必要に迫られて居ると思ふ。

第八章　東京市吏員澁澤子爵

一　東京市吏員としての澁澤子爵

私が澁澤子爵を東京市吏員と謂ふのは、太田博士の『町人諭吉』と謂はれるのとは趣旨を異にする。私は單に市制の用語を用ゐただけである。勿論何等翁に對して敬意を失する積りは無い。若し市吏員と謂ふ言葉自體が何等か卑下するかの音韻があり、翁にふさはしくないとすれば、夫は市制立法者の責である。若し市吏員と謂ふ言葉自體は何等不可なる所はないが、今日市吏員の地位を低からしめたのは、自治制施行以來の惡風潮に歸するものとすれば、私は此の如き惡風潮を改めたい。私は市の爲に市民の爲に一身を捧げて其の任務に盡す有給吏員の諸君も、市政に關與參加する名譽職の諸君も、同樣に市民一般から尊敬せらるべきものであると信じて居る。事務と云へば常套の刀筆の仕事とせられ、吏員と云へば名譽職の使傭人（市の使傭人であることが誤つて卑下せられる原因となつた）と見られ、後世子孫をして市吏員たらしむる勿れと歎息する者がある。市吏員の地位に就て論議するに當つて翁を煩はすは私の忍び難い所であるが、翁を問題とすることに依つて市吏員の地位の向上を圖るを得ば、私の目的は達するのであり、敢て翁を傷ける事はあるまいと思ふ。

二　匹儔を絶する永年勤續名譽職市吏員

東京市吏員東京市名譽職員の中に、東京市名譽職市參與東京市養育院長子爵澁澤榮一氏の存することは、啻に東京市の誇であるのみならず我自治政の名譽である。私は國家の自治體の職員を遇する所以が、尙甚だ足らざるものがあることを思ふ。所謂名譽職の地位が必ずしも名譽なるものと考へられて居らない。東京市の各種名譽職員に對する世間の評價言論機關の批判は、決して高いものと謂ふを得ない。否寧ろ極めて不人氣不評判であつて、之を辯駁するも甲斐なき有様である。四面楚歌の感がする。然るに澁澤翁が東京市名譽職の一人である。而も實際を謂へば明治七年東京府共有金取締として當時の東京市の前身たる自治事務を爕理せられ、養育院に關係せられて以來、明治九年養育院を東京府に引繼ぎ東京府の事業として養育院が經營せられ次で十七年度限り東京府の事業として廢止せられたので、澁澤翁は之を私營として經營し、二十二年市制施行と共に東京市養育院長として今日に至つて居る。

即ち翁は東京市創立以來の勤續市吏員である。否東京市創立以前東京府引繼以前明治七年以來養育院と離るべからざる關係を有するものである。全國中匹儔を絶する永年勤續の名譽職市吏員である。私は我が自治政の沿革史上澁澤翁の地位を論ずる者の乏しきを甚だしく不滿とする。

三　養育院長囑託

尤も形式に囚はれる者は澁澤翁の勤續年限が、計算方法を異にすると謂ふであらう。明治四十四年の市制改正以前に於ては、澁澤翁の如き人を市吏員とする適當の規定を缺いで居つた。即澁澤翁は東京養育院長であるけれども、所謂形式的意義での市吏員ではなかつた。東京市から院長を囑託せられて居つたのである。法律の規定する市吏員なるものが、澁澤翁を包含することが異樣である爲に、法律上說明し難い囑託の形式に依つて養育院長の職務に就いて貰つたのである。併し形式說明は隨意である、狹隘固陋の解釋しか採り得ないとすれば夫は法律の不備である。東京市に對し重要なる仕事を擔任することには何等の違ひは無い。私は近年になつても東京市の建築局長保健局長等の如き重要なる地位が矢張り囑託の形式で補任された事例を知つて居る。之は實質には影響が無いとしても、市制の不備か運用上の缺陥か、兎も角市職員の組織任用等の上に適當ならざるものと考へた次第である。

四　市參與制度

明治四十四年の市制改正に際して、立法者は東京市に於ける澁澤翁の例に鑑みる所があつて、市參與を置くことを得しめる規定を設けた。市參與は名譽職を原則とし有給職とも爲し得るのである。市の經營に屬する特別の事業を擔任するのである。此の規定の結果從來東京市養育院長を囑託せられ來つた澁澤翁は、初めて市吏員たる名譽職市參與となられ、其の資格に於て養育院長となられたのである。一體人を得るには相當の用意がいる。草廬に三顧して初めて孔明を起たしめることが出來た。第一流の人材を市政に參與せしめるが爲に、制度の改正を見たことは極めて適當の事である。然るに市參與の制度は未だ運用宜しきを得ない。又市參與の制度の本旨を一層徹底推擴して市政の振興刷新の動機を作る必要があらうと思ふ。私は今全國都市に市參與が何人あるかを見るに、東京市に養育院長（名譽）電氣局長（有給）が市參與である外、其の例が無い様である。或は市參與を置くの制度を採つても、之を補任して居らない。私は市町村に於ては一層功勞者先任者等に敬意を拂ふべきものではあるまいかと思ふ。國政に就いては元老が出シャバルことは、政黨內閣制の完成、憲法運用の發達と共に廢せらるべきものであり、廢せられんとして居るけれども、市町村に於ては元老制が存して差支ないのではあるまいか。市參與が都市行政の元勳優遇又は元勳參加の方法として考慮せらるべきものではあるまいか。此の點に於て私は東京市政の重大問題又は市長の更迭市長就任の勸告等に付て難局に立つ際に於ては、屢々澁澤翁を煩はした事例を以て極めて意義深きものと見るのである。我市參事會員は市制の改正每に權限を縮少せられ、進んでは其の廢止をさへも主張せられるが、英國市制のオールダーマンや獨逸市制のスタットラートは、市參事會員と譯するよりも、市の長老とか元老とか譯する方が適當に思はれる。市長助役と共に市の執行機關を構成した市參事會員が、明治四十四年の改正には執行權を奪はれ、大正十五年の改正には市會議案の審査權を奪はれ、次第次第に存在の意義を沒却するの傾向を以て、我都市行政の前途の上に悲哀を感ぜざるを得ない。私は會々職員錄を翻へして各都市の名譽職參事會員諸君が、明治四十四年の市制改正以前市の執行機關を構成した時代の遺風を其の儘に、市長助役收入役市參與の次各市吏員の前に揭載せられて居る（市會議長副議長市會議員は職員錄に登載しない）事を以て印刷局の守舊移らざるを責めるよりも、明治年代の市參事會を懷かしまざるを得ない。中村吉藏氏の戲曲『星亭』に描かれた東京市參事會の議事の史實の確否は、私の知り得ない所であり殊に當時の助役が何人であつたかを知らないが、理事者の原案の杜撰にして確信なきの甚しい有樣は、市政の運用上見るに忍びない事態であるが、參事會員星亭の完膚なき迄に原案を非難し撤回せしめる狀況は、寧ろ痛快なものがある。若も今日の市參事會が末路甚だ振はないとすれば、市參事會廢止而して市參與制度の擴張と謂ふのであれば、私は場合に依り贊成しないこともない。市參與制度が單に東京市に於てのみ而も澁澤翁の爲にのみ存するかの實情に顧みると、電氣局長たる市參與選擧に當つて永田市長辭職となつた經緯の結果、市會の直接選擧を改めて市長の推薦に依つて市會之を定むるの制に改め、市參與の地位を助役と同樣とした市制の改正は本來の立法の精神を沒却し澁澤翁を市職員とするの沿革に悖るものであり、長老優遇の本旨に適せざるかの感を懷くのである。米國に於ては都市の當局者が次第に二流三流の人物に下落し、滔々として市政腐敗萎靡の情勢に陷つて居つた。然るにガルヴェストン市に海嘯襲來し、市の衰滅に瀕し市民の生死存亡に關するに至るや、市內第一流の人物數人が委員となつて理事者を助けて復興復舊の大業を完成し、市勢の輓回繁榮を來した。而して其の影響は市委員會制度市支配人制度となつて、米國各都市は第一流の人物參加の慣例、有爲練達の能率本位の人材信認の傳統が確立して、都市行政の一大轉機を見るに至つたと謂はれて居る。私は市參與の制度は第一流の人材の市政關與の絶好制度として、運用宜しきを得べき將來ある制度なりと見る。

五　市吏員の肩書は翁と不可分である

私は澁澤翁が市吏員として殊に我國市町村吏員として更に我國市町村吏員中恐らくは匹儔を絶する永年勤續者としての勳功を國家が旌表したか否かを知らない。翁の國事に盡瘁し社會事業其の他公共の爲に赫々たる勳功あることは、國家は認めて居る。唯私は市吏員として名譽職員として半世記に亘る自治行政功勞者としての翁に對し、都市行政の爲に自治行政の爲に賞勳の途を講じて然るべきであらうと思ふ。翁の爲ではない市町村自治の爲であり、全國名譽職員の爲であり、市町村吏員の爲である。而して東京市吏員澁澤榮一と謂ふ肩書に於て澁澤翁を呼んで、全國市町村吏員の典型冠冕としたい。翁も亦一切の事業と絶ち一切の公私の肩書を棄てゝ、老を養はれるに至つた後に於ても、殘るものは市吏員の肩書である。而も養育院は翁晩年の後までもやめられないのであるから、翁が東京市吏員であり而も今日は市吏員のみが公の肩書である關係から見ても、市吏員としての勳功表彰は當然でなくてはならない。地方自治振興の爲賞勳行政は、市吏員としての翁の勳功を問題として然るべきではあるまいか。

六　翁の住所と東京市公民

或は澁澤子爵の住所は瀧野川町に移つたと見るのが相當であり、東京市住民でなくなつたので、公民權及選擧權を有しないのであるから、從つて名譽職市參與たる資格を有しないと謂ふものがある。私は其の眞否當否を知らないが、私の見る所を以てすれば我地方制度が公民權選擧權の要件に付て、住所主義を採つたのは甚だ不合理である。私は我地方制度の運用上に於て、或は又地方議會の議員選擧又は當選の效力の問題に於て、住所主義の理論に拘泥するが爲に如何に多くの紛爭が釀され爭訟の結果が、無益に無意味に地方自治の平和を害されて居るかを痛歎せざるを得ない。民法の住所は生活の本據を謂ふと云ひ、私法上の法律生活の根據が住所となつて居るからと云つて、地方制度が無批判に漫然民法の立法主義に倣ふべき必要又は理由は無い。人は普通選擧の施行に依つて選擧權の大に擴張せられたことに滿足するが、特に地方制度に於て例へば丸の内に事務所營業所を有し、巨額の市税を負擔して市政の振否に甚大なる利害關係を有する者が、會々住所即夜間寢食の地が郊外である故を以て、市民に非ず選擧權を有しないことが適當であらうか。私は多大なる疑念と不滿を禁じ得ない。選擧人名簿の作製に選擧の效力、當選の效力、當選人の資格如何等に關し住所主義の立法は救ひ得られない弊害を續出して居る。大都市生活は一般に住居地域の移轉を伴ひ、一流の名士が都心地又は都心地に近い住所を郊外に移轉することは、大都市膨脹發達に伴ふ各國普通の常例である。都市區域の擴張が之に伴はない爲に、益々都市住民都市公民の資格問題を起す。シチーオブロンドンは大倫敦の中心地域の一小公共團體であるが、其の市長たるもの其の他市の名譽職役員議員たるものは、固よりシチーオブロンドン市民たることが要件であるが、シチーの區域内に住所あることを必要としない。我地方制度の如き住所主義であれば、到底世界的に交際場裡の一中心人物たる所のメーヤーオブシチーロンドンコーポレーションが得られる筈がない。私は又前文部大臣岡田良平翁が靜岡縣に住所を有せられるか、東京市に住所を有せられるかを知らない。先年多額納税議員選擧の爭ひの一點になつて、貴族院の問題となつたが、貴族院は右の爭點に觸れざる解決方法を採つた。現在の官場的な普通の見解では、岡田さんの住所は小石川に在ると云ふのであらう。併し靜岡縣小笠郡倉眞村の岡田家は、大日本報德社の宗家として、地方的には岡田家と離れ難い感がする。文部大臣は敢て候補難に苦しまないが、二宮翁の遺風を襲ふ報德社長には殆どかけがえが無いのである。淳風良俗の維持の爲民法改正の必要があると稱せられるが、私は地方自治體と其の出身名士累代の名家等、德一鄕に洽ねき人物との關係を現在の如き一片の住所主義の如き無理解なる法律書生論を以て律する現行制度を以て、甚しき惡法なりと見る。而して農村振興や地方に人材を配置することや、地方自治體をして一層第一流の人材名士に傾聽するの制度慣例を育成することは、地方自治完成の根本義であると見る。或は名譽公民の制度も必要であらう。私はロイドジョーヂが先年シチーオブロンドンコーポレーションの名譽公民に推薦せられた事例を見て、我帝都地方自治體が自治體として國家的偉人に敬意を表する制度の必要を感じたことがある。英雄崇拜偉人國士に對する民衆一般の傾到尊敬の高尙なる情操發露の途を開くと云ふことは、社會敎育の上から風敎道義の見地から識者の看過すべからざる所である。區々たる法律や事務の末節に拘泥する連中の知らざる點である。或は公民權の要件特免の制度を擴張することも適當であらう。選擧爭訟根絶の手段とするもよからう。當局者眞に此の根本義に目覺むるならば手段方法は所在に存しやう。私の筆は岐路に走るやうだが澁澤翁の名譽職員の資格に疑念ありとすれば之を如何にするのがよいか。止むを得ないから默つて知らぬ振りをすると云ふのが從來のやり方である。夫も敢て支障は無い、私は一歩を進めて現行法との關係上無資格なりとしても無資格なる場合に於ても、東京市は翁と離れ得ない。前述した通り翁の養育院長たることは市制制定以前からの數十年來の事である。一時は市制の改正に依つて僅に翁の市吏員なる地位を作り得たが、實質に於て何等增損する所は無い。形式的法律論は其の好む人々に任せて置け、我大東京市は依然として翁を名譽職市參與とし市吏員とすることが、望ましいのである。序があつたら市制は改正したらよい。違法では無い法の超越である。見て見ぬ振りの卑怯でなく、之を知つて而も之を知るが故に法を超越して翁を信頼し尊敬する所が、東京市民の眞意であると解することが適當であると思ふ。可なり臆面も無い無遠慮な論議を聞くことのある東京市會に於ても、此の點に付て問題となるが如きことは萬々あるまいと考へる。而して何等躊躇し又は顧慮するの必要の無い說明であり解釋であると思ふ。

第九章　自治制以前の帝都自治と澁澤翁

一　自治制以前の地方自治の發達

地方自治を談ずる者が、明治二十一年四月の市制町村制を以て我地方自治の創始であると云ふのが、常套の例でありますが、私は此の如き考へ方に多大の不滿足を感ずる者であります。殊に中央集權官僚專制の我國に、獨逸人モッセの立案した獨逸法直輸入の法制に依つて、我國の地方自治が引きずられて漸く其の形成を整ふるに至つたと謂ふ見方に賛同し難いのであります。勿論明治維新の後努めて歐米の制度を輸入し新時代に適合する組織制度の制定を見たのでありますが、併し之が爲には各方面共に御誓文に仰せられました如く、『舊來の陋習を破り、天地の公道に基き』新制度の樹立を要望するの聲が旺然として起つて居つたのであります。而も急進の徒は有司の爲す所を手緩しとし、制度の定まるに先んじて、各種の地方議會の組織活動を企て、或ものは相當の實績を收めたものもあります。例之明治十二年四月二十八日大阪府會開會式に於ける知事渡邊昇の式辭に、『事を公議に決するの聖旨は載せて維新五箇條の勅諭に在り。我府之を奉じ明治六年初めて府會を開設し、上下通情の端を開き、漸次其法を改良し、群議實地に適し上下其宜を得、今や人民開進の度を圖り全國開會の令あり』と云ふ一節があります。又議長西川甫の答辭にも次の通の言葉があります。『抑も我が大阪に於ては嘗て府會の設けありと雖、國家の典則未だ立たず、又管下一般より議員を招集するに至らざりき。是れ蓋し開化日尚ほ淺く人文未だ煥發の期に達せざるに由り然るもの歟。然りと雖府を擧げて會議の何事たるを知るは、既に數年の前に在りと謂ふべし』。我地方自治が外國法制に倣つて市制町村制の制定公布に依り、制度典章の整備と共に外形的に所謂自治行政の體裁を表現したのは、論者の見るが如く明治二十一年四月以降でありませうが、地方自治の實質は早く既に其の以前に備はつて居つたのであります。舊幕時代に於ける地方自治の狀態や、五人組制度のことなど迄溯らなくともよいと思ひますけれども、明治維新の後朝野競つて歐米の文物制度の輸入に努め、所謂文明開化の惠澤に浴し參政自由の擴張に熱心な時勢に際して地方自治の實質も亦大に其の成果を結んで居つたのであります。此の故に私は自治制施行四十年と稱し、法制の形式を以て我地方自治の本體とし、或は法律形式の末に拘泥して、地方自治の實質に盲目なるの嫌ひある、滔々たる群小法律家の思想や考へ方を以て、我地方自治の發達向上の道程の上から見ても、大に痛撃排斥せざるを得ぬのであります。蓋し從來存するものは僅に不完全な自治法制史でありまして、自治行政の歴史は殆ど皆無であります。法制の外に法制に先んじ又は法制に伴つて地方自治の本體の萠芽し發達した徑路を明にすることは、極めて必要であり有意義なことであります。民費徴收の狀況から民會發達の詳細、區町村會の實狀を探討して形式的地方自治の外に、實質上の自治行政の起源發達を諒解することが肝要であります。且又之を法制の上から見ましても各府縣に於て夫々地方民論の熟するに從ひ、或は府縣有司の理想に從つて府縣限りの自治制を制定實行した事例が多いのでありますから、自治法制史としても、單に所謂三新法（郡區町村編制法府縣會規則地方稅規則）市制町村制等の中央法制のみを問題とするのは誤まりであります。當時の立法制度に於ては府縣限りの地方自治地方行政の規定を制定實施することもあつたのでありまして、此の遺風は東京府下の小笠原島には現在尙行はれて居るのであります。此の地方限りの法制竝其の實施狀況は大に學ぶべきものがあり、進歩的な所もあるのであります。明治文化研究の流行時に際し篤學の士は宜しく地方行政の沿革研究の遺却されたる方面を闡明にするを努むべきであります。私は單に東京市政に就て多少の考究を試みるに過ぎないのであります。

二　澁澤翁の自治政關與（上）

慶應三年一月十一日横濱解纜、德川民部公子に隨從し、其の補佐役として佛國に勉學して居た澁澤翁は、明治元年十二月三日歸朝したのであります。翁と云つても當時二十九歳の青年であります。明治二年十月末明治新政府に召され、大藏省租稅正に任ぜられました。翁は就任に際して大隈大藏大輔に建言せられて、『大藏省の內部の組織に就ては委しい事は分りませぬが、私の知つて居る範圍では、省內の役人は長官も屬吏も其日の用務に追はれて居るのみで、云はば雜務に沒頭して居る有樣らしく思はれますが、それでは諸般の改正等は到底行ひ難いと考へられます。されば本當に諸制の改正を計らうとするには、先づ第一に省內に改正事務を專務とする一の局を設けて、此の新局に有爲の人材を集め、諸般の制度を調査研究せしめて、之を實施するといふ事にしなければならぬと考へられます。』と云つて其の年の終りに改正係が置かれ係長となられた。爾後明治六年五月六日官を辭するに至る迄、明治新政府の爲に制度施設の改善整備に盡されたことは、極めて偉大なるものがあります。而して明治六年以後は翁が我國の經濟産業社會事業等の爲に、民間の人として偉功を奏せられたのでありますが、此の民間の人としての翁の地方自治の爲に、赫々たる事績を擧げられ、我國地方自治の搖監時代に於て、地方自治制度の創立以前に於て、地方自治の極めて有意義なる重要なる公營事業公共施設に手を著け、帝都自治の爲に盡された事柄は、我國地方行政史上忘るべからざる所であり、所謂地方自治四十年の形式論者の淺見の到底諒解し得ない所であり、自治形式論者をして正に愧死せしむるに足るものがあると信ずるのであります。

三　澁澤翁の自治政關與（下）

明治新政府の下に帝都となつた東京の公共施設は、所謂文明開化の洗禮に依つて大に考究される必要がありました。私は銀座街の構築を以て東京の文化施設の最も注目すべきものと見るのでありまして、爾來數十年今日に至るまで東京の中心文化の中心として動かし難い地位を占めて居ります。此の銀座街の構築は大藏省の指揮の下に爲された東京府の事業であつて、未だ自治施設と謂ふことが出來ないでありませう。明治七年翁が三十五歳にして東京府共有金取締を命ぜられ、東京府養育院長の囑託を受けて、爾後或は東京營繕議所委員とし、或は東京府瓦斯局長の囑託を受け、或は東京會議所會頭兼行務科頭取とし、或は東京商法會議所會頭として明治十二年東京府會開設に依つて、東京府に事業を引繼がれる迄の間、東京市公共施設の爲に盡瘁せられ、事實上の民選東京市長たる地位に就いて居られ、帝都自治行政の上に顯著なる事業を企畫遂行せられたのであります。私は明治維新以後の東京の行政を論ずるもの、殊に東京府政史東京市政史を講究するものは、東京府會開會以前に於ける帝都自治各般の公共施設を詳悉すべき必要あることを力說したいのであります。私は唯今其の詳細を述べる迄の調査を爲して居らないので、極めて一少部分を述べて見るに過ぎないのでありますが、或は市內の土木事業に或は青山雜司ヶ谷染井龜戶谷中等の墓地の開設に盡された範圍は廣いのでありますが、玆には特に注目すべき事業として三大項目を擧げて見たい。一は瓦斯事業の公營であり、二は養育院であり、三は一つ橋東京商科大學の前身たる商法講習所の創設經營であります。

四　瓦斯公營事業の沿革に關する澁澤瓦斯局長の說明

東京の瓦斯公營事業の沿革に付ては、明治十二年十月二十四日東京府會議員を以て組織する所の東京十五區共有財産處分會議に於て、澁澤翁の演說の一節を引用するのが適當であります。』抑も瓦斯局の設け其起原は明治五年に在りといへども、其實は明治四年二月瓦斯器械を購求せしに始り、當時の知事由利公正の命に由り、新吉原町に設立するの目的にて、外國へ注文し其器械の到著なしたるときは、既に前の詮議は變じて建設する能はず。唯深川の倉庫中に保存し置きしが、六年十二月に至り會議所に於て空しく之を埋沒するは惜むべし。市中に建設して町々を明くするに如かずとの決議にて、點火費取立方等を戶長へも相談なしたり。其頃は色々の燈具ありて、鑛油燈現華燈などゝて各其便利あるとのことなれば、先づ之を試むべしとて、瓦斯燈は高島嘉右衛門に托し、七年の半に至り始て府廳より瓦斯局敷地として芝濱崎町の地を下付せられたり。又鑛油燈は松本金兵衛なる者に任し、東西仲通より通油町邊に四百八拾基を設け、現華燈は唯器械を備へしのみ、著手は七年後まで遷延し遂に建設するに及ばずして止みたり。

右の如く街燈の制は三科に分て追々設置せしも、其點火費徵收の方法は、創建の始に於て正確なる調査もなかりし故、既に點火するに及で其費用を課出するに由なく、加之鑛油現華の兩燈は將來の得失に於て、充分の計算を得ざるに付、九年五月事務還納の前に會議所の決議を以て、右兩燈は廢したれども、瓦斯の一科は既に十三萬圓を費したれば、之を併せ廢するは遺憾のことゝて、更に增築して瓦斯元の製造を多くし、且其點火費を低折して往々家內の使用に供し、若し尙不充分なれば、郭內諸官省まで引用を請ひ、以て將來の維持を圖らんことを稟請し、而して點火費徵收法は街燈を建置したる町々より七分、他の町々一般より三分を賦課して之に充用せんことを建議したりき。

此時瓦斯局の經費は金十七萬千五百五十六圓六十七錢八厘にして、即行務還納の際の總計なり。還納の後に於て鑛油現華兩燈を廢して、增瓦斯の工業を起すことは、稍々其緖に就くといへども、點火費徵收の方法は未だ以て擧行する能はざりき。既にして十年一月に至りて地租減額地方費制限の聖詔あるに當り、點火費徵收の遂に行ふべからざるを察し、余は行務還納の後も特に府廳の命に依りて瓦斯局事務に關與するを以て、爲に府知事に建白して增瓦斯の擧を廢せんと欲せしなり。是れ蓋し當時家內引用は實に望人も乏しく、街燈の點火費は到底徵收すべからざれば、縱令增築するも其費途回收の期なからんことを慮りてなり。然れども府知事は別に深く洞察せらるゝ所ありて、增瓦斯の擧は前議の如くに施行せられ、街燈費の如きは姑く府稅を以て瓦斯製造の實費を補償して、一時其維持を助け且勉めて家內引用の增加を謀るべきとの命あり。因て余も飽くまで引用の增進に盡力すべしと答へたりき。然りといへども當時府下の情狀は、瓦斯は他のランプ等に比較するに、頗る費用も多ければ、之を厭ふて絶て引用の爲に求需を增すの景況に至らざるを以て、百方其需用を增さしむることを勉め、十年に至り今金新富座日報社等にても引用し、漸々に增加し、九年の思想とは大に其趣を異にせり。猶之を勸奬せんが爲同年三月より、瓦斯代價千立方尺に付三圓七十五錢の處、之を減折して三圓二十五錢となし、且家內引用の爲取付くる支管其他の費用は、月賦納の制を設け、而して懇々瓦斯の功用を說き、拮据黽勉怠らざりしかば、次第に家內引用の額を增し、今日に於ては最初引用の數に比較せば、殆ど十四倍の多きに及び、增築工事の未だ竣功せざるにより、却て其需に應ずる能はざるの實況を見るにより、大に增瓦斯著手の晩かりしを悔ゆるの有樣なり。家內引用瓦斯增加の比較は卽左の如し。

明治八年三月一ヶ月家內引用瓦斯	二五、五二七立方尺
同　九年	五八、八八五〃
同　十年	一一八、八九六〃
同　十一年	二四五、〇二〇〃

同　十二年　二八七、六三三

此十二年に至り増加の少なきは、瓦斯元釜の造出に限りあれば、此上に超ゆる能はざればなり。又此瓦斯局の計算は行務還納に際して、供用する原資は前に述ぶるが如しと雖、明治十年三月までは街燈費の徴收に苦心せし程なりしに、此時より實費は府稅を以て補償せられ、且家內引用は前に演ぶる如く其收入高を增したれば、其計算は卽左の如し。

明治九年六月より十二月迄　金一、八三六圓一〇〇
明治十年一月より十二月迄　金四、八三八圓四一六
明治十一年一月より十二月迄　金九、六九〇圓七三四
明治十二年一月より六月迄　金六、二三八圓三二四
同年七月より九月迄　金三、四六六圓五二六

明治十二年六月迄一切の原資計算は府廳より報告せられし如く、實に二十六萬圓餘の巨額に上り、而して增瓦斯竣功に至るまでは、更に二萬圓餘を要すといへども、此二萬圓餘と云ふは最初增瓦斯のことを決したる時の概算に依るものにして、爾來諸物貨の價位大に差異を生じたれば、當初の概算は既に其當を失ひ、且增瓦斯は郭內諸官省に引用せんとの見込なり

しに、其後市中各家引用增加の景況あると郭内へ配置するの考案は故ありて改正せざるべからざるの理由あるとにより、今日にして增築瓦斯竣功迄の費途を豫算せば、其伏管の改增及各家取付の枝管手當等迄も見積り、更に五萬圓若は六萬圓の增費を要すべく、而して此增築全く竣るは大抵十三年二三月の頃なるべしと思考するなり。右の豫算に依れば其原資は更に增加して殆んど三十五萬圓に滿ると云へども、此增築竣功の後に於て先づ引用增加の數と街燈在來の數とを合せて、每月二百萬立方尺を償却すると見積り、此二百萬立方尺とする所以は、器械製出高は二百七十萬立方尺なれども、漏出其他の減失をも見込みて、假に此高と立たるなり。左すれば街燈費の一基に付金三圓八十五錢餘を要すべき分は、既に府會の決議によりて、地方稅より徵收するを得。而して各家點火費も素より其徵收に懸念する所なきを以て、其計算は總金三十五萬圓にして、每年收入する點火料金七萬八千圓と見積り、內製造費用金三萬九千圓內石炭四千五百噸一噸に付凡八圓五十錢なり。主に高島を用ひ或は石狩又は庄內をも用ふ、他は用に適せず。此代金一萬四千四百圓、給料四千二百圓、通常管理費を差引金二萬〇四百圓を一ヶ年の純益とす。又外にコールタール賣拂代三百圓より五百圓迄なり。然しレトルトの營繕又は蒸氣淸淨器メートル等の修復に一萬圓を要すとすれば、總差引全く純益は金一萬千圓内外なるべし。此方法を以て幸に維持を誤らざれば、凡三十五年にして原資金全く償還し得るの割合なり。右の如く計算に餘裕を得て、曩には其措置に苦むの瓦斯燈なりしが、今は通常の工業場たるを得て、其將來に利益を見るに至りしは、實に明治十年三月に於て當知事閣下が勇斷して増瓦斯の擧を經費困難の際に施行せられ、且街燈費を府税中より補償せらるゝと、及び今春府會議員諸君が能く此節の現狀を斟酌して、街燈費を地方税より支辨するに決議せられしの二擧に藉るものにして、而して余は爾來此事に從ひ幸にして今日營業計算共充分の見込ある演說を爲すを得るは、余が不敏といへども亦與りて微勞あるが如きの狀を呈するに付、之を府知事閣下と府會議員諸君に謝せざるを得ず。然り而して後來此瓦斯局をして永く府下の共有物とすると、或は之を賣却して他の工業會社たらしめ、其代價は共有金に加へて更に公共の洪利を謀るとの問題は、總代議員諸君宜しく熟慮せらる所あるべきを以て、余は演說を玆に止め他に論及せざるべし。』

五　東京府會開會に對する澁澤翁の盡力、福澤府會副議長の辭任

瓦斯事業の公營は我自治制度の施行以前に斷行せられてあつたもので、而も創業の危機を凌ぎ相當の好成績を收め、事業の基礎も鞏固になつて、之を民業に拂下ぐべきや否やの問題と共に、東京府會開會後の東京府に引繼がれたのであります。民間の人としての澁澤氏も初めて東京府會が開かれるに付ては、府會議員となつて我國最初の自治制度の上に於ける公選議會の爲に努力すべきことは、一般に希望せられ東京府知事楠本正隆氏から極めて熱心なる慫慂を受けたのであるが、澁澤氏は官界を去るとき深く政治に關係しない決心をし、牢固たる信念の下に民間の人として終始する方針の爲に、熱心なる楠本府知事の說得も其の效を奏しなかつたのであります。但し翁は府政の進展の爲には民間の人として、多大の斡旋盡力を爲し、最初の府會議員の候補者擁立、府會議長の選擧等に付ては、陰に陽に努められたさうであります。靑淵囘顧錄下卷一四九、一五〇頁に曰ふ『此の前後に東京府會が始めて開設され、楠本(正隆男)さんから澁澤も是非議員になつて府政に參與されたいと、二度も三度も勸められたのであるが、私は一旦野に下つてからは一切政治に關係しない事を信條として居つたのでお斷りし、福地君や大倉(喜八郎男)君には私からもお勸めして、兩氏は最初の府會議員になつた。府會で福地が福澤(諭吉)君と議長爭ひをしたのも此頃の事である。』岐路に入るけれども、府會開設當時の興味ある一挿話を看過することを得ません。私は最初の東京府會の議長選擧の實情を徵すべき資料を有しませぬが、當時の議事錄に依れば、明治十二年一月十六日議長副議長選擧の府會は出席議員四十三人缺席議員六人で開會せられ福地源一郎が先づ假議長に定められ、投票の結果議長は二十四票を以て福地源一郎副議長は十九票を以て福澤諭吉の當選と記載してあります。次點者以下の記事を缺いで居ります、比較多數で當選することを得るものと解したと見えて、副議長は過半數に達しないのであります。所が同年一月二十一日の臨時東京府會の劈頭に於て、副議長福澤諭吉は强硬に副議長の辭職の承認を要求し、府會は承認を澁つたのでありますが、結局致し方が無いと謂ふので、之を承認しました。其の後福澤諭吉氏は折角府會議員の員に加はりながら、缺席するのが殆ど常例の如くでありまして、府會の議事に熱意を缺きました。或は福地源一郎との議長競爭敗戰の餘憤行懸りの結果ではありますまいか。福澤翁の副議長辭意の表明を議事錄から引用します。『十三番福澤諭吉曰、委員の投票に先だち一事の陳述すべきあり。抑本員圖らずも客冬議員に當選して頗る閉口したる其次第は、本員平常極めて多忙なる事は、各員も粗々知らるゝが如く、慶應義塾三百生徒の敎授は無論、文書の往復來客の接待等諸般の事務一身に集り、頃日また文部省學士院の會長にも選ばれたれば、實に寸暇もなし。故に客冬議員當選のとき楠本知事公に呈書し、又區長相原安次郎君にも面晤して、懇々事に從ふ能はざるの情實を具陳し、開議の上には時々代理を差出すか、或は闕席等もあるべき旨を述べ置きたり。然るに本年に至り前會に於て又圖らずも副議長に選ばれたり。副議長の任に居れば副議長相應の事務ありて、彌々多事に堪えざるべし。因て其席に於て直にも辭退すべく思ひしが、折角の當選卽座に斷るも如何と數日を延ばし、本會に於て此辭職を申出たるなれば、各員も萬々止み難き事情を諒察し、速に副議長の任を解かれんことを望む。併し尋常議員となりて力を盡すことは辭すまじきなれば、何とぞ副議長だけは免ぜられたし。此段各員に向て希望する所なり。』福地議長が之を會議に諮る。福澤氏は其の趣旨を補足する。大倉喜八郎は反對を主張して『多用の身なれば辭職すとありては、本員とても家業もあり社務もあり亦同樣のことなり。其他の各員も皆然らざるはなかるべし。一體十三番は名望と云ひ學術と云ひ副議長適任の人と見込み選擧したるに、夫を辭するとなれば十三番に及ばざる者は尙更逡巡せざるを得ず。因て此議は再三熟慮の上更に次會に於て可否を決せんことを望む』と謂ひ贊成者が多いので、福地議長が福澤氏の納得を求めると福澤氏は承知しない。再三の押問答で議容易に決しない。『十三番の副議長たることは各員の希望する所なれども、大丈夫決意の上に申出たるは動かすべきに非ず、其情願に任すべし』と謂ふ者もある。採決の結果三十二人の賛成で副議長辭職を承認することに決しました。此の一波瀾の影響は議事規則立案の爲委員四名を選擧した所が、當選者は大倉喜八郎を始めとして何れも辭退すると謂ふことになつたので、福地源一郎は議席に就いて說明大に努めて、僅に辭意を翻へさせることが出來ました。福澤先生が折角府會議員となり、副議長に選擧せられながら辭職せられ、東京府政の爲貢獻せられることの少なかつたことは、邦家の爲遺憾の次第であります。

六　府營瓦斯事業の拂下

扨て東京府營となつた瓦斯事業は、早くも拂下時期如何が問題となり、一方電燈の輸入と共に速に拂下ぐべしと主張するものがあり、炯眼なる淺野總一郎氏の如きは早手廻しをして瓦斯局委員たる府會議員との間に二十一萬圓十箇年賦拂下の密約を結んで、拂下速行を澁澤瓦斯局長に說いて容れられなかつたと云ふことでありますが、澁澤氏は拂下價額の點は有利なる採算を見得る迄は、拂下に同意するを得ないと謂ふので、數年間經營を續け明治十八年十月一日に至り、金二十六萬九千圓を以て拂下げて東京瓦斯會社の創立を見るに至つたのであります。（一説には二十四萬圓）。爾來東京の瓦斯事業は獨占的私企業となつて、一時同業會社が出來て激烈なる競爭をしたこともあるが、結局兩社が合併する樣になり、市民の公益に大關係あり時に市政の上に重大なる影響を及ぼす瓦斯問題、瓦斯會社との報償契約の問題が起伏して、將來に於ても注意すべき一大重要問題となつて居ります。私は此の瓦斯企業の創立及創業時代の難局を引受け、瓦斯事業の根基を固めた澁澤瓦斯局長の功績を吹聽しないでは居られません。單なる事業經營の見地からでなく、公營の形式に於て或は會議所或は府會等當時の自治議決機關と接觸しつゝ、未經驗の創業の難局を切拔けられたことを意義深く感ずるのであります。

七　養育院、商法講習所の維持に關する澁澤翁の努力

澁澤氏と養育院の關係は世間周知の事でありますから、玆に私は省略しますが、養育院も商法講習所も、府會開會前に於て共有金の事業として創始し經營せられたものであります。共有金經營事業であつて地方税規則府縣會規則の施行に從ひ、地方税豫算の支辨に移し府會

の議決に俟つこと〻した事業の主要なるものは、瓦斯事業養育院商法講習所及墓地の四種であります。明治十二年十月十五區會に於て銀林一等屬の説明の中にも『扨此共有金は舊會議所より行務還納以來は、府廳が理事者となりて取扱ひしなり。此金は各員も承知の通り、寛政以降凶荒の備に積立てたるものにて、乃ち先祖の溜めたる遺金なり。當知事赴任の際還納となり、將來の維持方に深く注意し、其消耗するを惜みなるべく之を増殖するの見込なれども、其收入は全く元金より生ずる利子のみなれば、元金を支出しなば、遂に空乏に歸するを恐れ、其折は幸に民費の賦金もあり、隨分都合もあることなれば、在來共有金を以て成立せしものをも、皆府税に移して其耗費を救ひしなり。乃ち養育院商法講習所瓦斯局墓地は共有金にて支辨せる主なる仕事にて云々』と謂つて居ります。然るに養育院と商法講習所に付ては、東京府會は好感を以て向はない。

東京府會に養育院廢止の議が起り、調査委員を設置したので、澁澤翁は各調査委員を歴訪して、辛うじて廢止案は否決になつたが、明治十六年の府會は養育院廢止を決議し、將來新に收容することを中止せしめられ、將來府營としては廢止することになつた。商法講習所も亦氣受甚だ香ばしからず、遂に明治十二年の府會は經常費五千圓の要求に對し五割、二千五百圓の大削減を受けて、殆ど命脈を失はんとしましたので、翁は各方面の有志の寄附金を募集し、經費の不足を補充して維持するに努められました。私は澁澤氏が民間の人として、府會の形勢緩和に極力奔走せられ、而も其の效を奏せざるに及んでは、其の善後の措置として養育院は之を民營として維持し、後市制施行後東京市に引繼いで、現在に至る迄帝都救貧機關として、一大機關組織を成して、社會の缺陷を裨補して居ることを見るのであります。商法講習所の善後措置は農商務省から補助金を得て一時を凌ぎ、次で農商務省直轄學校に移管され、更に當初其の創立に當つて澁澤氏と協力し商議した森有禮が幸にして文相となるあり、一つ橋に校舍を建設し東京高等商業學校後東京商科大學となつて、我實業界に幾多の人材を供給するの淵源となつたのであります。澁澤氏の東京府公營事業の創立經營維持及善後救濟措置に努力し、赫々たる功績を擧げられたことは、瓦斯商法講習所及養育院の三大施設に依りて明瞭でありまして、私は地方公營事業地方自治の施設に偉功を奏したる所の、地方自治の一大功勞者として、澁澤翁を吹聽し推稱し、而して我國地方自治に於ける最大の功勞者として、地方自治の方面から今回の御大典を機として、相當賞勳の詮議あつて然るべきものであらうと信ずるものであります。私の此の主張は前章『東京市吏員澁澤子爵』の中にも述べて居りますから、參照を煩はしたいのであります。

第十章　田園禮讃と都市の田園化

一　歸去來の歎

『歸りなんいざ、田園まさに蕪せんとす、なんぞ歸らざる。』心を以て形の役とした官仕の生活を一擲して、故山に歸臥するの高士の心境は欽羨に堪えないのであるが、不幸にして現代文化の恩惠に浴した爲に、プロレタリアと宿命を等しうするサラリーマンの悲哀を脱るゝことを得ない。生活不安に驅られ營々として目まぐるしい大都市生活に何の執著する所ぞ。青山到る所に存し、淸風滿腹悠々として天地人生を觀ずるの好ましいことは言を俟たないのであるが、今更『洵に山田一頃あり、凶歳に非ざれば以て飢うるなかるべし。力耕して用を節せば亦以て自ら老ゆるに足らん』と高言し得る時代ではない。觀ずれば都市集中農村荒廢の大勢には論者も亦支配せられて居る一人であることは、皮肉なる事實である。唯『吾生の行休を感じ』官歷の前途幾何も剩すなきを悟つて、草茅の自由なる境地に放言詭語するの遠からぬことであらうと自ら弔し自ら慰むる次第である。

二　都市集中の大勢

都市集中の大勢は何處まで進むのであらうか。ヒューム は千八百十七年に『過去及現在の經驗よりせば一都市にして人口七十萬を超過することは一の不可能事である』と論じたと云はれ、有名なる統計家ウイリアムペテー卿は一都市は半徑三十五哩内に於て、その總ての食料及原料を實際上悉く集め得るやうにすべきであるとして、倫敦の人口最大限を五百萬と概算したが、是等の先賢の豫言に拘らず現今の倫敦人口は七百五十萬を超過して、尙底止する所を知らない狀況である。世界各國大都市の膨脹人口集中の大勢の進展する限りは、其の半面としての農村荒廢は如何なる方策を以てするも之を救濟するを得ないのである。米國に於て千九百十年から千九百二十年に至る十年間の人口增加は千三百七十萬であつて、內千百十萬は都市人口の增加である。十年間の都市人口の增加は人口十萬を有する都市百十一箇を創設するに足るのである。大東京卽東京都市計畫區城內の人口は、明治四十四年末の二百五十三萬人が、大正五年末には三百十五萬人、大正十年末には三百七十五萬人に增加した。十箇年間の増加人口は百十七萬人であつて、一年平均十萬人以上を増加して居る。卽年々仙臺岡山等と同じ位の都市が東京附近に出來る計算である。既往の趨勢を以て進んで行くと、今後三十年を經れば六百萬を超ゆるであらうと都市計畫區域の決定に際して推算せられた計數が實現するかも知れない。以是觀之都市の膨脹發展の勢は滔々として底止する所を知らない有樣である樣に思はれる。

三　都市膨脹の弊害

人口の増加は日光新鮮なる空氣其の他安靜等を除くときは、人間の慾望滿足の手段を比例以上に增加せしめると云ふ意味のことが、碩學マーシャル敎授の經濟學原理に書いてある。現代文化最上の福祉を享受するには、最大限度の人口集中を必要とするかに思はれる。所謂咲く花の匂ふが如き都市の繁榮は、人間一切の慾望滿足の手段方法の充實する所である。都會の人間を吸收するは燈火の蟲を呼ぶが如きものである。住めば都と云ふ諺は此の意味を現はす。近代の科學の進步技術の發達と物質文明資本主義經濟の發展は、大都市無限の發達膨脹の形勢を釀成したのであるが、其の間都市膨脹に對する咒咀の聲が次第に聞えて來た。自然に歸れ土に還れと云ふことは詩人文學者の口から叫ばれるだけではない。都市の研究者、都市計畫の當局者も或程度の科學的技術的根據を以て說明せんとして居る。都市膨脹の大勢は既に其の頂點に達した、大勢は正に變化せんとして居ると云ふが如きは尙氣早な觀察であらうが、往々にして述べられる所である。現代の文化生活に必要な公共施設は一定の程度の人口集中を必要又は有利とするが、其の限界は三萬乃至十萬であつて、夫以上を超ゆる大都市の公共施設は却て不經濟となることを數字を以て說明せんとする。上水道下水道電氣瓦斯等から交通機關の施設に付て、人口一人當所要經費は大都市となれば却て不廉不經濟となる。一方に於て都市生活に隨伴する各種の便利便益は三萬乃至十萬の都市に於て享受する途がある。更に又大倫敦大紐育の如きは中心都の交通緩和の施設は高架地下地中樣々の高速度交通機關に依り、或は路面の外に自動車專用道を設ける等の、現代最新最高の科學技術と經濟の許す最大の巨資を投ずるも、將來の需要に應ずるに十分でなく、正に行き詰まらんとして居る。況んや都市生活者の大部が住宅と勤務地と遠距離の間を朝に夕に貴重なる時間を一時間以上も費し、身心困憊し交通混雜し、交通機關の能率不足なるが如きは到底忍ぶ能はざる不利益であり人間精力の浪費である。茲に於てか大都市の膨張は最早極限に達せんとして居る。大都市の時代は過ぎ去つてやがて一大轉機が到來すると云ふ者がある。

四　都市生活に反對する傾向

一方に於て現代の都市生活に反對する傾向も少しとしない。都市生活者の累增する一方に於て都市生活者が田園山海に對する憧憬と大自然の慈母の懷を求むるの傾向は隨所に表はれる。避暑避寒海水浴場溫泉場に殺到するの趨勢も其の一端であらう。休日祭日週末小旅行は日がへりの旅二三泊旅行として、都市生活者必要の行樂であり、鐵道經營の好財源となるに至つた。大都市は其の中央部に於ては最早人口增加せず、却て場所に依つては減少の傾向を示す所もある。郊外移住の大勢は氣の早い論者をして大都市崩壞の一端たらんと謂はしめ樣として居る。其の勢は獨逸に於ける兵營式住宅數階の多數家族住宅を排して、平家又は二階建獨立家族住宅の家庭保護運動となり、勞働者の爲にする小庭園運動を見るに至つた。ライプチヒに於ける大醫シユレーバー博士の名を冠するシユレーバー庭園の運動は、大都市郊外に到る所菜園植民地の經營を促すに至つた。大自然と絕緣せられ土に離れて農耕の途のない都市の下層階級に、小面積の菜園を坪貸にして休日祭日每に家族連で農耕に努める。靜岡縣下の篤志家織田利三郎氏の一坪農業の主唱と菜園植民地との比較長短は未だ知らない所であるが、趣旨に於て相通ずる所もあらうか。千九百十二年六月十二日ダンチヒに菜園植民地獨逸全國會議が開かれて以來、菜園植民地は次第に重要視せられる様になつた。戰時中千九百十六年四月四日の命令は菜園借地料最高額を決定し、千九百十七年十月十二日の聯邦上院命令は菜園借主を保護する規定を設けた。千九百十六年兵馬倥偬の間にも獨逸政府は小菜園に於ける野菜栽培に關する中央部を伯林に設けて、小菜園事業の指導奬勵に當らしめることゝなつた。千九百十九年七月三十一日には小庭園及小借地法が制定せられて、小菜園運動は特殊の保護を受けるに至つた。同年十月一日小庭園主管廳 Kleingartenaemter の設置に關して、政府は一般通牒を發し大市町村就中大都市に小庭園主管吏員を設置すべきことを勸奬した。伯林に本部を有する獨逸勞働者及シュレーバー菜園中央聯合會は、千九百二十一年頃に會員約十五萬人を有したと云ふ。其の後獨逸小菜園聯盟中央聯合會が成立し、聯盟數七百四十會員五萬人に上つたと云ふ。內務省參事官カイゼンベルグ博士の言に依れば、大都市又は工業町村は今後小菜園貸付施設を缺くことを得ない。小菜園の貸付供給は都市公共團體の社會的施設として重要なるものになつて來たと云ふ。

五　都市生活の綠化運動、自由空地問題

都市生活の綠化運動も亦都市農村の將來を按ずる者の熟考すべき問題である。勞働者の住宅に綠が缺乏してから平和と安住が失はれる樣になつた。今後の經世家の任務は都市下層階級の榮色を無くして、其の家庭の周圍に榮色を賦與するに在る。大都市に於ける綠の缺乏に對する救濟策挽回策は都市政策の眼目であり、其の解決に依つて家庭の安住と階級鬪爭の緩和を圖ることが出來る。人は餘りに自然を離れ過ぎた。出來る限り自然に復歸することを要する。荒んだ心に荒んだ家庭に一味の情風を送る綠葉は勞働者住宅に缺くべからざる要素である。平和を象徵する綠に對しては人類久遠の憧憬がある。プロレタリアに對するの施設は之を赤化せしむるに非ず、之を白化せしむるに非ず、其の環境を綠化するに在るのである。英國の住宅政策は都市計畫と密接なる連絡を有し、千九百九年の住宅及都市計畫法は勞働黨出身最初の閣僚ジョンバーンスの盡力に依つて制定せられたものである。大戰後の歸還兵士凱旋勇士に健康にして低廉なる住宅を供給すべしとする朝野の輿論は、ロイドジョージ内閣をして戰後住宅供給の大策を確立せしめ、保守黨勞働黨保守黨と內閣の更迭を見たけれど

も、將來に於ける英國勞働者に供給すべき住み甲斐ある住宅は一英町十二戶原則、卽一戶當百坪を最小限とするの大方針は確立されて動かされない。郊外開發の都市計畫の施設も公共團體の住宅建設も常に一英町十二戶を最高密度とし、一戶當百坪として各戶に小農業經營を爲すを得しめること、住宅密度が十二戶以上になつた一團地には、必ず之を補ふ樣に集團地の農耕地を附屬して、附近居住者に貸付ける樣に計畫すべきことになつて居る。將來の大英國民は如何なる下層階級の人と雖、土に親しみ小農業を經營し得る樣にせられねばならないと云ふことは、動かすべからざる英國都市計畫及住宅政策の根本方針である。勞働黨內閣の保健大臣ホエートレーは此の故に『住宅改良は階級鬪爭の赤十字事業である』と喝破し、階級鬪爭の慘害犧牲を緩和するの重要なる職分を指摘して居る。戰敗國獨逸には家庭保護 Heimatschutz の熱烈なる運動があり、千九百二十年五月十日の立法 Reichsheimstätten gesetzes となつたが、淳風美俗の維持を民法改正に依つて其の目的を達せんとする我國當局者のやり方とは如何なる差異であらう。得失比較は論ずる迄もあるまい。

六　田園都市運動

都市計畫の使命とする所は都市無限の盲目的無秩序の膨脹發展を抑制し、膨脹發達の抑ふべからざるときは、之を健全にして秩序的なる發達に誘導し大都市附近には獨立性を失はざる一團の人口三萬乃至十萬の小都市を、大都市を中心として衛星の如くに發達せしめる。大都市との間には田園地帶を中に挾んで連續しない様に、一哩以上の幅員を有する農耕地公園等を以て永久に區別する。都市計畫最近の傾向は從來の如き大都市の無限の膨脹發達を否定し、衛星的小都市を創建すべしと云ふ。併しながら田園都市の經營衛星的都市の出現を圖るにも、人口集中の大勢に逆行するを得ない。現在の經濟組織の下に於ける人口集中の最有力なる動機は工場經營に在るのであるから、田園都市衛星的都市は工場を主要なる要素とする。大都市の下宿寄宿舍たるに過ぎない田園郊外と田園都市との差異は專ら此の點に在る。レッチヲースもウエルウインも工場施設の便宜に重きを置いて居る。我國に田園都市の思想を輸入した黑谷了太郎氏の『山林都市』論も亦工場經營の利便を中心として居る。一方に於て大都市附近は工場經營に必ずしも有利でないのである。地價は高い、勞働力の供給は潤澤であらうが、生活費が高いので結局賃銀の低廉は望み得ない。勞働爭議の危險が潛む。交通關係動力關係は地方に於ても宜しきを制する道がある。工業の地方分散は將來益々其の勢を高める。工業の集中した大都市に於て勞働者の副業として、菜園經營を爲さしむべしとする歐米の傾向は、副業としての小工業、交通及動力の便を得たる地方へ工場分散の大勢と相照應するものであらう。

七　人口配置の問題としての都市計畫

新に都市となるべき郊外の計畫が専ら家屋の密集建築の抑制、街路用地大小公園用地の保留を念とすべきと同樣に、在來の都市の改造計畫は、街路の新設擴築と共に出來得る限り大小公園を配置せんとする。而も都會の中央に於て密集建築の傾向益々大であつて、各個人に空地保存を任せ得ないと共に、公共施設としての大小公園其の他の自由空地の保留は益々其の必要を增大する。現代都市計畫の根本原則として、如何なる都心地と雖、建築敷地と街路廣場運河公園等の公共用地との比率は六對四を標準とすべしと稱せられる。大小公園の面積は全面積の十分の一を目標とすべしと謂はれて居る。進んでは系統的に公園式道路を配置し、清水流るゝ河流を引き、花卉樹蔭の惠澤を都市生活者に洽ねからしめることを目的とすべきものとされる。地上に天國を實現し、穢土を化して極樂淨土と變ぜんとする都市計畫の使命は、高尙遠大なものであるが、併し之を以て甘んずるを得ない。更に都市と周圍農村との關係に鑑み、一國の適當なる人口配置を考慮し、全國民を其の所を得しめることを考へなければならない。所謂リージョナルプランニング所謂ナショナルプランニングは移植民政策の問題に徹底して、初めて適當の解決を見得られるであらう。一國內の人口配置の好ましい狀態は如何にして目的を達し得やうか。昔薩藩に於ては鹿兒島は藩主居住の地であるけれども、敢て地形の要害に據らず金城湯池を賴まず、藩臣を四境に配付して屯田の制を立て、薩日隅卽城郭なりとの觀念を實行したと云ふことであり、所謂百二都城の遺跡は麓士族とし各村に一大部落を形成し、民政史上極めて注目すべき治績を擧げて來た事例もある。農村の荒廢人口の減退は農業勞力の不足を訴へることもあらう。獨逸に於ては戰前東プロイセン方面ポーランド一帶の內地移民地に、著しい勞力不足を感じ、之を補ふが爲に、國境を超えて春來り秋歸るスラブ人の出稼人は年々三十餘萬に上つたと稱せられる。我國の農業勞力の不足を勞銀の廉い朝鮮人に求めるの時期も來るかも知れない。

八　田園の都會化、都會村落の區別を無くすること

然らば都會文明は最早行詰まりであつて、都市の沒落土に還り農村復興の微光を感ずると謂ふことを得やうか。田園禮讃自然復歸の思想の極めて人を惹きつけるものがあるに拘らず、都市沒落農村復興は未だ信じ難い。都市の田園化の傾向は相當濃厚なるものがある。都市內部に農村と調和せんとする傾向の看取すべきものがあるが、都市膨脹人口集中の勢は尙滔々として抑ふべくもない。所謂農村振興の要求と各般の人爲施設とは此の澎湃たる大勢に對して、到底多くを期待するを得ない。死期の宣告を受けても醫療の手を緩めることが出來ないと同じく、效果疑はしく無益に近い場合にも農村振興の人爲施設を講じて見るだけの事である。此等の施設よりも却て田園の都會化卽文化の惠澤を輸入する途は、農村文化運動就中農村藝術の振興に囑望すべきものがある。且ラヂオ文化の將來は全國鑛石化の後に於て、一國最高の藝術の翫賞智識の普及に益する所が多いと思はれる。但し都市と農村との調和融合の時期が、如何にして到來するかは豫言するを得ない。私の興味を感ずるのは都市生活の嫌忌農村生活の禮讃は、將來社會上の一大勢力となるべきプロレタリアの熱烈なる要求であることである。資本主義に反抗して立つたプロレタリアの主張が、資本主義經濟の上に必然的な傾向になつた都市集中大都市膨脹にも、當然反對の態度を採るものだと解するが正しいかどうかは知らない。クロポトキンの名著『田園工場仕事場』には大都市大工場の繁榮農業衰頽の大勢に逆行すべき集約農業の經濟的であり、小工場家庭工業の存立の餘地あることを、各地の無數の事例に徵して、小工業小農業の生命地方振興の可能性を證明して居る。唯物史觀の見地に立つて經濟發展の一定の階級に進むに非ざれば社會的變化は到來しない。『一の社會組織は總ての生產力が、其の組織內で餘地ある限り其の發展を遂げた後でなければ、決して顚覆し去るものでない。又新たなるより高度の生產關係は、其のものゝ物質的存在條件が、古き社會の胎內に於て孕まれ了る以前に於て、決して發現し來るものではない』と主張するマルクスの徒が、共產黨宣言に於て、將來共產主義國家の採用すべき政策の一は、『農業及工業の經營の連絡、人口の配分を調節して都會及村落の區別を次第に無くすること』に在りと云つて居る。唯物史觀の見地から之を解說することは他に適任者があらうが、都市問題農村問題の研究者の看過すべからざる問題であり、且疑ひもなく少くとも此の點のみに付てはブルジョアの立場に在る者も保守的見地に立つ者も、何等遲疑する所なくマルクスの徒と手を携へて進み得ることであらうと思はれる。

第十一章　都市問題會議のことども

一　會議の出席者

大阪都市協會の發企にかゝる第一回全國都市問題會議が、五月十九日から三日間大阪に於て開かれた。自分も大都市又は隣接町村の行政には職務上離るべからざる關係にある計りではない、兩三年來都市問題都市計畫に付て調査研究を餘儀なくせられ、社會上行政上最も重要なる此の方面の問題に多大の興味と關心を感ずるに至つた。萬障を排して會議に出席したのであつたが、恰も地方官界は大震災にも銀行取付にも比較すべき不安動搖の中にあつたせいでもあらうか、技術官に非ざる地方官の此の會議に出席したものは、會議主催地の吉村大阪府內務部長を除くの外極めて少數或は皆無に近かつた。私は地方行政の上に地方自治の上に最も重要なる都市問題に關する全國第一回の會議に、同僚府縣書記官地方事務官諸君の不參加を見て時節柄止むを得なかつたとは云へ、誠に寂寥の感に堪えないのである。而して都市問題を眞面目に切實に研究し討議し、純粹なる行政改善の爲にする此の第一回の全國的會合に寂寥の感を懐いたことは、私には都市行政に對する官僚の凋落、都市問題都市計畫の如き事案の解決は專ら都市自治體の當局者の手に依るべき趨勢を暗示するの豫感を禁じ難いものがある。私は右の如き感想を懷きながら、京都府廳を訪ひ比叡山に登り近江に下つて養老公園に一泊した。新綠の森紫雲英の田野を眼前に控へて、私は自由空地綠地保存の問題を考へ、所謂國立公園建議が衆議院に續出するの狀況、新八景投票の盛況に想及して、何等かの公園政策を樹立するの機運が熟したのではあるまいかと思つた。

二　都市問題研究の盛況

都市は一國文化の精華である。都市に於ける行政各般の問題は、文化の進展と共に續々新生面を打開して來るのであるが、都市に於ける行政施設の如何は直に其の影響を全國に及ぼすのである。就中近代各國共通の現象たる都市集中大都市の出現は、其の反面たる農村疲弊の問題と共に、社會上行政上極めて重要なる問題である。加ふるに社會問題勞働問題は都市に於て其の解決の急要を示しつゝある。此の狀況の下に於ける都市問題に付て、正確にして徹底せる觀念を有し、各般の問題と事案を系統的組織的に攷究し論議し解決して行くことは、現在將來に於ける地方行政當路者の最も重大なる任務の一である。私は都市問題都市計畫に關する研究調査論議が、近時極めて盛大であることを大に喜ぶものである。東京市政調査會の各種の調査報告から、其の月刊『都市問題』の各論文は都市行政當路者の看過すべからざる所である。大阪都市協會の『大大阪』は正に『都市問題』と相對峙して東西の雙璧である。其の他兵庫縣都市研究會の『都市研究』愛知縣都市計畫課内の都市創作會の『都市創作』等何れも潑溂たる元氣と清新なる理想に滿ち溢れて居る。外に經歷の最も古い都市研究會の『都市公論』がある。千紫萬紅都市問題都市計畫に關する研究調査論議策案は極めて豐富である。私は尙日本建築協會の『建築と社會』及道路改良會の『道路の改良』及道路協會の『都市工學』を擧げることが出來る。

都市問題都市計畫は當面最も緊要なる社會上行政上の問題たるが故に、此の如く各方面の研究論議が蔚然として勃興したのであらう。少壯有爲の行政當路の士は此の風潮に沒交涉であつてはならない筈である。世界共通の問題であり殊に歐洲大戰後の世界大都市の住宅施設の問題と共に、或は階級鬪爭の赤十字事業と稱せられて、將來の人類の福祉康寧の關する所であるとせられ、國民保健の基本とし審美情操の涵養の爲に、道義風俗の維持の爲に、其の他影響する所極めて廣汎なる關係を有する問題として、現在及將來の行政當路の士の須臾も念頭を離るべき事では無い。從つて私は第一回全國都市問題會議に、私の同僚たる地方行政當路の士の參加せられる事の少ないことを以て、甚だ遺憾なりとするものである。

三　地方自治體自身の手に依る自治行政の振興の機運

曾ては地方行政の發達改善は官憲の指導啓發に待つものと考へられた。併しながら地方自治體の發達進歩と共に、地方自治體又は地方自治體の職員或は民間の有志自身の會合に依つて、地方自治地方行政等の振興發展を促進するに至ることは必然の勢ひであり、多々益々歡迎すべき事である。私は全國町村長會が既に有力なる活動を爲すの機運となつたことを見る。道府縣會議長會議全國市長會議等も漸次見るべき活動を爲さんとして居る。都市問題會議は成るべく政治問題に觸るゝを避け、眞摯なる都市問題都市計畫等の研究報告討議を爲すことを本旨とする。會議の經過會議の準備會議參加者の招待等に付て、十分なる注意を拂ふ。獨逸各都市の都市會議、英米佛諸國の各種の會議の例に對比して、啻に遜色なきのみならず最も有意義なる價値ある行き方をしたいと云ふのであらう。會議の經過及結果は近く報告書が刊行されると云ふことであるから、私は玆に詳述することを略する。會議の場所が中の島公會堂であり、一般傍聽を許してあり、聊か演說會場に類して眞面目なる討議に似合はしくない嫌ひがあつた點を除くの外、私は會議に滿足する者である。殊に各新聞が此の會議を極めて重大視し、社說に本會議を論じ會議の經過を報道し、發會式に代表者が祝辭演說を述べられ、或は會議參加者を招待せらるる等、最善の好意を表せられた事も、都市問題都市計畫が今日の社會に如何に重大なる意義價値を有するかを示すものと思はれる。第二回以後の會議が一層有意義に盛大に遂行せられて、我國の都市行政に裨補する樣に發達せんことを希望し期待する。

四　會議の議題

第一回會議の議題は第一が防火と建築であり、第二議題が不良住宅改善、第三議題が土地區劃整理、第四議題が自由空地竝公園である。片岡工學博士小濱社會局書記官直木工學博士折下復興局技師關法學博士が各報告者となられた。議題は豫め參加者に通知せられ夫々準備考究せられたので、何れも平素の蘊蓄を傾け主張を吐露し割當時間の不足を感ずる程で、熱心なる態度は關係者全體に强い刺戟を與へた。私は第一回會議として議題の選擇各報告者の主眼點等が、我國現下の都市問題都市計畫界に極めて適切なものであることを感ずる。大震火災は謂ふ迄もなく、次で但馬及北丹の兩度の震災、沼津金澤兩市の大火、將來の慘禍と國家的損害を防止するが爲には、如何にして防火と建築の關係を改善すべきか。防火地區制度の實施を如何に圓滑ならしめるか、耐火建築が永年に亘りて計算すれば結局經濟的となることを、如何なる計數の下に一般の理解を求むべきか、耐火建築と從來の風習とを如何に調和し得るか、官公衙公共建築物は努めて耐火建築たらしむること等に付て考究論議し、之を實際に活用することは當面の急務である。私は最近豐島師範附屬小學校府立松澤病院病室並郡部警察署の改築に付て、耐火鐵筋コンクリート建築物の豫算を計上することに努力し、防火と建築に關する將來の方針に多少の寄與を爲し得たことを以て滿足するものである。不良住宅の改善の問題に付ては私は尙目下考究を續けて居る。明治四十三年の淺草大火の後、有名なる玉姬町の燒失地域に、當時の阿部東京府知事は義捐金を以て、模範的長屋二百戶の建築經營を計畫し、其の大部分は實現せられたが震災に依つて土地を殘すだけで燒失してしまつた。米騷動の義捐金の一部を以て井上東京府知事の計畫せられた、日暮里町の改良住宅は現に東京府社會事業協會に於て經營せられて居る。但し改善の效果及影響は四十餘戸の小規模の事業たる故もあらうが未だ十分なりとは思はれない。震災後公園其の他に集團バラックを急造して、罹災者を救護したが、其の取拂ひには異常の犧牲と努力が拂はれた。其の中に就て東京府社會事業協會に於て現に經營を續けて居る、和田堀四百八十戸、尾久三百三十六戸、王子七十四戸は大部分が震災前に於て市內外の不良住宅に居住して居つた人々であるから、震災を機會とする不良住宅改善の事業を實質に於て爲しつゝある筋合である。建設費は震災義捐金に依つたもので之を償還するの必要がないのであるが、而も家賃收入を以て繼續して經營維持して行くことにすら、相當困難を來さんとして居る。私は此の場合不良住宅の集團地區內には、宜しく小學校敎員及巡査の住宅公營を併せ行ひ、少くとも全人口の一割は小學校敎員及巡査を配置するの方針を樹立したいと考へて居る。外國の都市計畫學者は五百戸以上も同階級の人々の集團生活をするが如き都市の構成は憂慮すべきであると云ふ。

不良住宅の改善は單なる建築物改善のみであつてはならない。集團生活者の狀況に鑑み、之に敎化的意義ある小學校敎員公營住宅、秩序的生活の普及を爲し家賃滯納の弊を矯正し模範を示す意味に於ける警察官の公營住宅を配置するに依つて、將來の都市構成が如何に改善せらるゝかを一考せられたいと思ふ。尙私は不良住宅改善事業は最不良の地區、乃至は所謂自由勞働者の地區から始めることは適當であるまい。定時收入ある勞働者組織的勤勞階級の居住する地區、從つて不良の程度も必ずしも極度ならざる地區から著手すべきではあるまいかと信ずる。殊に最不良住宅地區改善の爲に地方團體に永く負擔を負はしむるが如きは、事業創始の際考慮すべき必要があると思ふ。但し是等の點の詳說は他の機會に讓ることゝする。

五　都市問題の中心たる土地問題

私は都市問題とは都市たるが故に生ずるの問題であると見る。限りある都市の土地に多數の人々が生活するのが都市であり、多數の人々と有限の土地との關係を如何に調節し規律するかゞ都市計畫であり都市問題である。都市の土地全體を如何にすれば最も善く都市住民全體の爲に利用することが出來るかを中心の問題とする。曾ては都市の生起發達、郊外の開發膨張は全然之を土地の權利者の自由に放任したのであるが、其の結果は自動車交通其の他社會事情の變遷と共に、都市百般の弊害困難を將來せしめた。都市の土地に關する權利に對しては都市たるが爲にする各般の制限を加へる必要が痛感せらるるに至つた。都市問題は此の故に都市の土地に關する權利觀念に革命的變改を加へしめんとして居る。或は尙進んで都市計畫の爲にする公用徵收、地帶收用又は超過收用の法理に於て極めて强力なる行政權の發動を必要とする。震災復興の爲には强制的土地區劃整理事案の遂行を止むなきものとする。沼津金澤兩市の火災善後施設も都市計畫として考究されて居る。但馬及北丹震災地の復舊は、形式に於ては我國法の不備から都市計畫とされないのであるが、廣義に於ける都市計畫施設として行ひ得べく都市計畫の方法を準用し得るのである。都市問題の解決都市計畫の遂行の爲にする私權の制限又は收用は、行政の各方面中最も强力なるものであり、萬難を排して錯綜せる利害の紛糾を打開して一路都市全體の公益上の必要の爲に夫々の施設を爲して行く。極めて壯觀であり極めて强力である。或は都市土地の公有が最後の歸結であると云ふ者もあるが、公有に至らざるも都市內の各土地をして都市全般の公益上の必要の爲にする各種の制限、用途地域地區の制度防火地區の制限、自由空地の保存の制限、建築物の高度構造其の他の制限に服せしめる。而も都市將來の趨勢を考察すれば、此等の制限は一層緊密となり且新に法制を設けて制限を加へられるものが增大するであらうと豫想せられる。

土地區劃整理は單に土地を宅地としての利用增進の爲にせられるのであるが、宅地本位權利者本位である以上は時に都市全體の利益都市計畫の本旨に矛盾することがないとも限らない。從前個人が個人本位各宅地本位に銘々に開發した所を、今日は土地會社或は耕地整理組合土地區劃整理組合として、一團地を目標として開發經營する。幾分優つて來て居るが、尙私益本位であり都市全體の爲にする土地の最善の利用ではない。都市の土地は必ずしも宅地とせられてしまふことが望ましくは無い。況んや都市計畫界の趨勢は、今日寧ろ如何にして自由空地殊に綠地帶を保存すべきか維持すべきかに在る。

世界の趨勢は田園土地の開墾助成耕地整理に對し、保安林制度及開墾禁止制限の制度あるが如くに、都市郊外の土地に對する建築敷地開發の制限禁止の制度を設けしめんとするのである。私は故井上東京府知事が東京都市計畫區域內に在る所の名勝洗足池畔善福寺三寶寺池畔等の森林に對して、風致維持の爲にする保安林に編入し、大東京將來の爲に綠地保存絕好の公園候補地の保存の途を確立られたことを以て極めて意味の深い事であり、後世大東京の人々が多大の福祉を享け得ることを喜ぶものである。

私は尙土地區劃整理を爲さざる郊外未建築地の開發に對し、建築線の指定其の他私道開鑿の取締に依る統制を爲すこと、土地會社土地區劃整理耕地整理に對する一層嚴密なる都市全般の要求よりする監督の必要、幹線道路小公園其の他公共用地の獲得保存保留の爲にする施設等考究すべき問題のあることを指摘して置く。

六　都市自治體職員の實力

私は都市問題が專ら都市公共團體の自治事務に移るの趨勢に在ることを豫感したことを述べた。成る程都市計畫地方委員會は府縣に在る、都市計畫行政は府縣廳中心であるが如くであるが、實際は都市の方が重きを爲し、指導的地位を占め又占めんとして居る。都市自治の發達は當然に都市行政の擴充となり、府縣廳を煩はさなくなるであらう。私は郡役所廢止以前に於て都市は既に郡長の爲すべき國家事務を引受けて居ることを見た。東京都制其の他特別市制の要求は澎湃たる勢を成して居るのであるが、私は其の各種の案の中には大都市內に於ける府縣廳無用廢止を當然の前提として居る樣に看取する。人は府縣知事公選を問題とするが、大都市制度の改正要求の根本には大都市所在府縣の府縣知事廢止を必然の歸結として居るのであるまいか。而して私は現在の大都市の機關組織及其の現在の人々に對しては、各種の缺陷と弱點あることを認めるものであるが、併しながら府縣廳の現在の仕事を各大都市の機關に移し得ないとは思はない、警察權其の他考究すべき問題は多少あらうけれども、大都市に於ける府縣廳廢止は地方に於ける郡役所廢止の困難より輕いことは爭へない。私は此の如き考察を爲すが故に第一回全國都市問題會議に、府縣書記官地方事務官が沒交渉であることを以て、將來の地方行政組織の改造に際して相當の意義あることを思ふものである。都市問題都市計畫行政は今や府縣廳の手を離れて都市自治體の職員の領分に移らんとしつゝある。併し府縣廳の役人の一人である私は敢て之を悲觀する者ではない、都市自治の發達の現象として興味を以て之を正視するのである。

遮莫、私は地方行政に關する重大なる任務を有する府縣廳の職員が、都市行政に關する不斷の研究調査を怠ることの不都合を思ふ。私は地方行政の改善に夙夜焦慮すべき府縣の當路者が、都市問題竝に都市計畫の如き重要問題に關して、其の研究調査と主張とが都市自治體の職員に比して遜色あるが如きは甚だ遺憾の事である。私共の職務を一層完全に遂行するが爲には、一段の努力を加へて精緻綿密なる研究調査の必要あるを思ふ。玆に至つて私は大正五年六月故安河内内務次官が靜岡縣知事として郡市長に訓示せられた一節を想起せざるを得ない。『思ふに行政當路の弊は動もすれば常套に泥み形式に馳せ、徒に簿書堆裏に沒頭して一日の安を貪り、終に國家百年の長計を逸するの憾あるに在り。世運年に進み文化日に新なり。諸君須らく益〻淬礪自彊範を部下吏僚に示して、官紀を振肅し意氣を剛健ならしめ、夙夜行政改善の實績を擧ぐるを以て念とせんことを要す。』私は最近都市問題都市計畫行政に關する私の從來の研究調査を整理編纂すると共に、之を一段落として將來一層考究を進めたいと思つて居る。

第十二章　都市創作に關する實例

一　田園都市と都市創作實例

都市計畫運動の歴史の上に田園都市運動の占める地位が、如何に重要なるものであるかは今更に多言を必要としない。田園都市の純粹なるものはレッチヲースとウエルウインの二箇所に止る。田園都市に似て非なる各種の都市新建築地の施設は、外形に於て類似して居るものでも、趣旨精神に於て多大の相違がある。都市問題、都市計畫に興味を有する者は、先づ純粹なる田園都市の文化史的意義を諒解することが必要であると云ふ様な事は私にも相當理解が出來ないことはない。併し私は田園都市の理想を描いて滿足して居るに堪えない、何等か直に之を我國現實の問題として考へたい、夫で私は今先を急いで居る。所が英國に於て例のハワードが田園都市の新設經營に著手するに至る先驅として、ハワードの著想の根源となつたものとして、ボーンビルやポートサンライトやハンプステッドの田園郊外の新設が、極めて有意義であると謂ふことである。私は我國にも速かに田園都市の出現を希望する。黑谷君の『山林都市』の思想にも大に興味を持つ。其の黑谷君と五月十九日都市問題會議の席に久し振に出會つた所が、『都市創作』の爲に何かを書く樣にとの話であつた。私は其の時迄『都市創作』を知らなかつたが、都市創作の名稱自體が既に高遠なる理想を包藏する。私は最も積極的なる都市經營を遂行し、最も大膽なる道路計畫を包含する耕地整理、區劃整理の盛んに遂行せられる中京の都市計畫指導機關に、淸新なる意氣と高遠なる理想を以て、都市を創作せんとするの慨あることを知つて、大に我意を得たりとするものである。仍つて『都市創作』にふさはしい題材を求めるが爲に私の寄稿は今日に至つた。私は東京の住宅改善施設の實例の中から、何等か將來の都市計畫の基調となるべきもの、望むべくんば田園都市施設の萠芽となるべきものが求めて得られないかと努めて見た。實例が東京であるからとて他の都市の施設に參考とならないことはない。否我國各都市の施設は一層精細なる調査報告に依つて、各都市當局者の參案企畫の資料となつて、我都市各般の施設計畫の進歩發展を圖るべき必要があらうと考へる。

二　東京府の小住宅建設

震火災に因つて住宅の供給不足を告げたと云ふので、義捐金の一部は住宅施設に充當せられた。多くは應急臨時の施設であつて常態に復すると共に取拂はれたのであるが、併し亦永久的の改善の效果の顯著なるものがある。私は先づ東京府の施設から著眼したいと思ふ。臨時震災救護事務局から交付された義捐金を以て和田堀町に四百八十戸、王子町に七十四戸、尾久町に三百三十六戸の小住宅を建設した。東京の郊外の發達は震災後一層急激なるものがある。市内の震火災に依る家屋の改築、殊に土地區劃整理に基く改築改造の爲、市内居住の下層階級の人々は、夫々郊外に居住するの趨勢にあつた。應急臨時の公園其の他に於けるバラック居住者が、數次のバラック撤廢と共に移り住むべき家屋は家賃の低廉なるものを求むる以上、郊外に尋ねるより外は無い。東京府の小住宅は此の如き需要に應ぜんとするもので、急速建築を必要とし計畫の萬全を期するの餘裕が無かつたので、勿論永續的の所謂田園郊外の建設又は模範小住宅と云ふが如き理想を持つものではない。不良住宅に非ざれば滿足する程度に過ぎないのであるが、私は之を東京市や同潤會の假住宅施設に比して、當時の府當局者の施設が遙に優つて居つたことを認める。集團的急造小住宅の聚落としては、何れも一應整つて居る。府營小住宅として繼續し得るのであつて、和田堀町の小住宅には小學校をも附設して町に寄附をした。一箇の創作せられた集團小住宅の聚落、震災記念郊外小住宅として、私は東京社會事業協會が將來に亘つて其の管理維持を誤まらざらんことを期待するものである。尾久の小住宅に接して尙同潤會の小住宅が七十三戸ある。私は是等を震災を機會とする不良住宅改善事業とも見るべきものと考へる。

三　不良住宅改善事業の先驅

尙私は井上東京府知事の時代から東京府社會事業協會が、不良住宅改善の事業に著手し、日暮里町金杉に大正九年試驗的に小規模の事業を開始し、普通住宅四十一戸商店式八戸共同浴場一事務所一を建設し、震災に倒壞した商店式八戸を除くの外、尚今日も小住宅として管理維持せられて居ることを附け加へる。微々たるものであるが、小住宅の改善小集團住宅の環境を一新せんとする試みは、我行政史上極めて有意義の事と認める。更に溯つて見ると明治四十四年淺草大火の義捐金を以て、阿部東京府知事が東京市に下附して、玉姫町に模範長屋百戸を建設せしめ、辛亥救濟會として最近迄管理維持して來た事例もある。

四　同潤會の住宅經營

財團法人同潤會は震災義捐金を以て設立した法人であつて、九百三十萬圓が當初の普通住宅經營資金、二百萬圓がアパートメントハウス建設に對する增交付資金、二百七十萬圓が不良住宅區改善共同住宅建築資金として交付せられたのである。何れも東京橫濱兩市に亘つて經營せられて居るのであるが、東京に於ける住宅經營は左の通りである。

第一　松江住宅	五百六十八戸	總面積	二萬五千六百坪
第二　赤羽住宅	四百七十戸	同	一萬四千坪

第三	大井住宅	八十八戸	同	千八百七十九坪
第四	荏原住宅	三百五十六戸	同	七千百二十五坪
第五	十條住宅	三百六十五戸	同	一萬四百八十四坪
第六	西荻窪住宅	二百二十二戸	同	四千七百七十四坪
第七	砂町住宅	三百五十四戸	同	七千二百六十六坪
第八	尾久住宅	七十三戸	同	千二百五十三坪

以上は何れも木造小住宅の集團である。鐵筋コンクリート造のアパートメントは次の通りである。

第一	青山	百三十八戸	總面積	千三百六十二坪
第二	中ノ郷	百二戸	同	千八十六坪
第三	柳島第一期	六十六戸	同	七百六十七坪
第四	澁谷第一期 第二期	二百九十九戸	同	五千五百八十五坪
第五	大工町第一期	九十戸	同	五百四十四坪

アパートメントの建築は尚進行中である。不良住宅地區改善事業としての共同住宅建築

は、猿江裏に於て現に進行中である。青山アパートメントは明治神宮表參通に沿うて居り極めて人目を惹く。其の他のアパートメントも家賃の低廉なるが故に、借入申込殺到して空家皆無の狀況である。住宅の習慣の上からどうかと氣遣はれた點は殆ど皆無であり、何れのアパートメントも著しく改善された文化的生活の福祉を享け得られるものとして、大に歡迎せられて居る。之を外觀から眺め市街環境より見ても、著しく改善された觀があり、アパートメント讃美者に絕好の辭柄を供するものゝ如くであり、所謂文化的都市建設なるかに思はれる。唯今までの所私も別段の非難や缺陥を見聞しない。

五　松江住宅とセルロイド工業組合

松江住宅に付ては相當興味がある。所在地は荒川放水路の東方であり、住宅地から東京市に往返するには城東電車乘車場まで二十數分を要し、交通不便の爲東京市に職業を求める者には、適當ならざる住宅地であるとして居住者が甚だ少ない。當局者は家賃の値下をしたけれども希望者を誘致するに足らない。千葉街道と行德街道の間に挾まれた地域ではあるが、小松川町とは荒川放水路を以て隔てられ、小松川小橋小松川大橋を渡らねばならない。夫が爲に同潤會の住宅經營は、土地の選定を誤まつたのではないかと非難せられ、辛うじて半分に足らぬ居住者を見るに過ぎなかつた。然るに恰かも重要輸出品工業組合法に基き、セルロイド工業組合を設置せしめ巨額の助成金を交付して工場を設置せしめる議あるに際して、數次の曲折を經た後當業者一團となつて松江住宅に移轉居住し、其の一廓に數十萬圓を以て工場を設置せしめることゝなつた。最近工場は完成し當業者組合員の移轉が始まらうとして居る。工業分散工場設置と共に郊外集團生活の爲の住宅經營が玆に行はれやうとして居る。久しく利用せられないと云ふ非難を受けた各住宅は、セルロイド組合員に依つて充滿するであらう。此の計畫施設が永く將來に亘つて成功を收めるか否かは、一面重要輸出品工業助成策成敗の問題であると共に、都市問題の關係者には一種の都市創作の試驗として多大の興味がある。私は松江住宅經營の成功を祈つて止まないものである。

六　其の他の事例

若し廣く我國の都市創作の實例を尋ねるならば、露人獨人の基礎を引繼いだとは云へ、幾多の增補訂正と完成を加へた、大連旅順青島の市街經營があり、滿鐵附屬地の經營がある。

撫順市街の移轉計畫の如きも極めて興味あるものである。私は我各植民地の市街經營、內地の市街地經營等の中には、都市創作都市計畫の見地から、興味津々たる實例が甚だ多いことと考へる。後藤子の臺灣市街經營の如きも勿論其の著しいものである。我都市計畫の當路者研究者は右の如き國內の事例を精細に蒐集整理することが必要であらうと思ふ。私は曾て靜岡縣に在職した當時、富士瓦斯紡績會社の工場に依つて存立する小山町の研究調査を目論見んで著手するに垂んとして轉任の爲中止した事を想起する。大工場と所在地公共團體との關係、大工場に依る都市の生起又は膨脹、之を合理的に合目的に指導するの途如何、今日迄に於ける實例の中にも私は相當學ぶべく鑑むべき多くのものが存するのではないかと思ふ。

七　外國の職工住宅經營事例

私は以上の如き考へから世界的に有名な職工住宅經營の事例に聯想せざるを得ない、イエナのツアイス工場と職工の爲の各種施設、エッセン郊外に在るクルップ鐵工場職工の爲のアルテンホーフの住宅、伯林郊外シーメンススタット等は何れも曾遊の印象尚殘存して居る。私共の學ぶべき事例は尙甚だ多い。就中私は千九百十四年乃至千九百十六年大戰の渦中にありながら、伯林郊外にスターケン田園都市の建設されたことに驚異の眼を以て向はざるを得ない。スターケン田園都市は職工八百戸の住宅でありバウルシュミッテナーの設計に基づいて、獨逸帝國内務省の建設に係ると云ふ。普佛戰爭で佛國から得た償金を金塊の儘保存して來たユピテルの塔の在るスパンダウの郊外である。伯林漢堡間の鐵道線路とステンダールに通ずる地方鐵道の中間に挾まつた土地であるが、職工の大部分は近くに在るツエッペリン航空機工場に使傭されたものであると云ふ。私は在獨中此の新開職工住宅地を訪ねて都市創作施設の實例を興味を以て眺めたのである。唯不幸にして二三の繪葉書を殘すのみで記録を手に入れ得ないので建設の工費建設後の管理維持等を悉すを得ない。

後編　東京市政を管掌して

第一章　市高級幹部の組織

一　嫁姑の人事悲劇と市會對市長關係

私は地方行政を問題とする人々が、眞に議決機關の存在理由、名譽職員の本分を了解して居るか否かを疑ふ。議決機關對執行機關の關係は極めて微妙なる複雜なる人事關係である。市長は常に市會に窘められると云ふ。而して世間は常に市會に其の責があると云ふ。恰も市會と市長との關係は、姑と嫁との關係に似て居る。嫁姑の關係は幾多の悲劇を演出し、文藝戯曲の題材となつて居るが、世間は概して姑を惡く見る。敢て民法が姑の嫁窘めを認める規定を存する譯では無い。市制に市會をして市長を窘めしめる規定が存しないと同樣である。唯だモダーンガールの時代は生活樣式の變化と共に不如歸の浪さんを最後の犧牲者として、嫁姑の人事悲劇は過去に葬られ樣として居る。同樣に市會對市長關係が過去の語草となるべきを期待し、且其の趨勢を助長すべきであると思ふ。

市會及市長は市最高の機關として、一日も早く協力協調の講ぜられる狀態にならねばならぬ。不信任の決議の存否は問題でない。不信任の形勢となれば理否何れに在るを問はない、市政の進行は阻碍されるのである。而も市長助役は少數である。多數の議員の群衆心理は之を統御すること困難である。同一家庭の嫁姑が時に角突合ひが嵩じては破鏡の歎を見るのであるから、多數の議員の機嫌氣褄のとり惡いことは固より當然であり、到る所市政の紛紜を見ることは、市長助役が外部からの傭兵制度である狀況に於ては到底免がるべからざるの數である。都市行政の研究者が單なる修身講話を述べたり、自治の本義などゝ知つたか振りを述べて、市長問題に蒞むが如きは、私を以て見れば半可通の甚しきものであり、事の眞義に徹底せざるものである。而も中央當局も市政の當路者も所謂識者も滔々として自治の講談を以て市長難を救はうとする亞流たるに至つては、謂ふに忍びないものがある。

二　從來の市長助役銓衡方法

從來の市長助役銓衡の仕方を見よ、天下に適材を物色すると云ふが之は全く暗中模索と同樣である。勿論人材物色の範圍は局限すべきものではないが、漫然として從前何等の係はりもない所に空位を滿さんが爲に突如として、燭を秉つて人を求めるの形である。單に國務大臣級と云つた所が、カーライルの言ではないが市中を往來する人物の上に、蜜柑の皮を投げて其の當つた人を國務大臣とすればよい位である。市長を單なる飾物とする氣か、單なる親任官の位階勳等が市長候補者たるの要件でもあるまい。東京市長に大人物を求めることは何等異論は無いが之を過去の人に求めなくとも、現在及將來の人に求めてもよい筈である。大人物とは單に過去の經歷を標準とすべきではあるまい。何が故に將來に於て親任官たり又は同等以上たるべき人物を尋ね樣としないのであるか。而して長時日を空費して求め得た人が敢て東京市政に抱負經綸のある譯ではない。敢て東京市政に熱心考究を遂げた人でもない。時には市政に付何等の基礎知識を有たないらしい人までが候補者になつて居る。親任官の官歷實業界の經歷で、政府部內に多少の知遇があり交涉の便宜があり、宮中席次が相當の所だと云ふ位の所である。須臾にして市會の滿足せざる所となることは見易きの道理である。

幾度人を代ふるも從來の如き銓衡方法を以てすれば、何れにしても大差は無い。既往に於ても阪谷、奧田、田尻、後藤、永田、中村、伊澤、西久保の諸氏、敢て人物として不足は無い筈である。而も任期を終へず不滿を懷かれるのは何の故であるか。議會制度の國に於て執政の局に當る者は、單なる人格人物閱歷を以て銓衡標準とするを得ない。超然內閣大權內閣中間內閣が成立し起伏するであらうが、結局は行く所迄行つて憲政の常道政黨內閣制の確立を見る。人材內閣擧國一致內閣の例はあるにしても、議會の實力議會の存在を忘るゝを得ない。議會に根據を有するものであつて、初めて內閣を組織するを得る。大正年代に於ける東京市長は毫も人物に不足は無い、缺くる所は市會に於ける支持者である。選ばれる時は市會は一應滿足したのである。選ばれたる後に於て市會との連絡、市會に於ける根據を作り、根據を維持するの組織機能を缺いて居つた。遠からずして飽かれて棄てられたことは、寧ろ當然の成行である。

三　大正年代の市長更迭概觀

大正の御代は憲政擁護を以て始まり超然內閣中間內閣逆轉內閣の成立を見たが、結局憲政常道の政黨內閣制の確立普選陪審の施行を以て終つた。然るに大正年代の地方自治都市行政に付ては、私は何等の進步發展を見出し得ないのである。却て明治後半の進步的傾向に對比して逆轉退步の醜狀を見る。其の根本原因は明治四十四年の市制町村制改正に現はれた政府立法府の淺見短慮に在る。之を東京市政に就て見るに、明治の前半は自治制の準備時代である。漸くにして明治二十一年の市制施行となつたが、三府三大都市の市制特例に依つて府知事の市長の職務を行ふこと、別言すれば永久的職務管掌制度に依りて著しき制限を受けなければならなかつた。隱忍十年自治恢復の抗爭の末が明治三十一年の特例撤癈となつた。尤も所謂永久的職務管掌の時代に於ても特に東京市の爲に市區改正條例を施行せられ、都市計畫施設が相當遂行せられて市民の需要の一部を滿すことが出來た。特例撤癈市役所開廳自治記念日以後の東京市政は一時隆々たるものであつた。市長は市參事會員から昇任した松田秀雄氏である。眞に市民から出た市民の長であつた。次で尾崎行雄氏が市長に選ばれたが、在職九年に亘り市參事會市會との間に時に衝突もあつたけれども、兎も角連絡提携を續けることが出來た。日露戰後經營の爲市區改正事業の速成を圖る爲に市區改正局を設けると、市民から角田眞平氏が其の局長となつて著々目覺しい成績を擧げた。市會議長に或は市參事會員に星亨がなり、其の生前は固より死後は殘黨の結束に依つて勇斷果敢力ある施政を見た。官僚の徒が驚心愕目したかは知れないが、東京市政の成績は潑溂たる元氣に滿ちて見るべきもののがあつたのである。然るに市參事會の合議執行の制度は國情に適せずと妄斷して市參事會を議決機關に改めた。議決機關執行機關の分界を妄りに嚴格にし、委員制度の活用をも妨止せんとした。而して其の得たる所は市會に根據を有せざるの市長助役である。超然內閣非立憲內閣無氣力內閣、而して常に市會に脅やかされて何等爲す所なき去勢內閣である。多少の期待を以て迎へられても間もなく愛想をつかされて秋の扇と同樣に放逐せられる。市政の萎靡不振姑息偸安遂に東京市政をして天下無比の不成績を來さしめた。

歷代市長は一流の人材である。而も東京市會に何等の根據を有せず、市會を指導し左右するの何等の組織手段も持たず徒手空拳を以て市會に蒞む。殆ど仕事が出來ないのは當然の事で這々の體を以て退却し又は退却を餘儀なくされる。不信任決議をつきつけられたのは西久保氏だけであるが、事實は其の他の市長も同樣である。奧田市長は謙抑努めて議員の歡心を買ひ部下市吏員を極度に壓迫し部下の反感に拘らず市會第一主義を以て進んで多少の成功を收め、殊に在職中死去したので今に惜まれるけれども果して長く市會と協調し得たかは斷言し得ない。鳩豆市長は歐洲大戰後の好景氣、大都市經營の好機を無爲消極に過して東京市を榮養不良に陥れ、回復し難き大損失を來した。天下の輿望を負うた後藤子も八億圓計畫の大風呂敷が世人を喜ばせたに止まり、未だ市民の期待する如き實績を擧げずして去つた。大震火災の天譴は大正年代の東京市政の無爲無能を罰するものとも見ることが出來る。慘害の一部は適當なる都市經營施設に依つて避け得べかりしものである。復興復舊の施設は政府の膳立の儘に追隨するの外は無い。東京市の自治能力を疑はれる狀況である。而して市長助役の頻繁なる更迭、市政の萎靡不振大正年代の東京市に於て實に其の極に達する。

四　自治制常道の市長助役銓衡慣例の提唱

既に內閣組織は必ずしも一國の最大政治家を以て充つると限らないのである。假に最大政治家を以て充てるとしても立憲治下に於て最大の政治家なりや否やは、其の個人的の人格識見手腕を以て測るべきではない。其の背景とする政黨又は議員の實力を以て主要なる條件とする。憲政の常道は政黨內閣の出現を必然的ならしめる。卽ち政界の分野の如何に從つて次の內閣組織は定まつて行く、聟選み嫁取りも同樣である。世界人類の半數の異性の中から配偶者を物色すると云つても、漠然たる間に發見し得られる譯は無い。結局極限せられた範圍內に定まつて來る。市政の議決機關も市政運行の死命を制し得る議決機關が存する以上、市長助役の物色は市會又は之と極めて密接なる關係を有する者に限定するが寧ろ當然である。私は早晩市長助役共に市會の首腦者幹部から選擧される常道が發達すべきであると思ふ。市民の名譽心を滿足するが爲に而して急激なる變動を避けるが爲に、要すれば市長のみは傭兵主義とし、お飾り人形として親任官又は同等以上の實業家等から選ぶとすれば、三助役はせめて市會より選ぶべきであり且之を避くべき理由も必要もない。私は既往に於て市會議長であつた中野武營、桐島像一、加藤正義、柳澤保惠、鳩山一郎の諸氏が、東京市長として寸毫も辱かしくないと思ふ。助役に至つては何も官僚に限るべき理由は無い。三助役は之を政務官とし對市會交渉關係の事柄對外關係の仕事に當る。內部の事務統轄の爲には必要なる局長を專任するだけの事である。政務事務の分界を明にする。三助役は之を市會各派から選び、各人二十五人以上の市會議員を背景とせしめる。基礎盤石の如き市長助役の選擧就任を見て、始めて力ある市政見るべきの成績を擧げ得られる。私は去勢されたる市長助役姑息偸安の無氣力市長助役を迎へるに堪えないのである。復興の大業は完成に近づいたが、財政を復興し復興事業を完成するには、一層力强い男らしい市長助役の就任を必要とする。

私は普選陪審を以て始まる昭和の大御代の東京市政が、大正年代の如き無氣力萎靡不振の醜態を繰返さしめるに忍ない。市會の諸君はセメテ助役の二人を市會より出したいと云ふ事を、極めて低聲に主張したと云ふことであるが、何たる腑甲斐の無い事であらう。市長選擧は市會の諸君の御意の儘である。助役に對する注文も亦さりとは餘りに微溫的遠慮勝ではないか、一層勇猛果敢立憲內閣責任內閣强固なる內閣市會に根據を有する內閣、自治政常道內閣の出現を決行しないのであらう。事務政務の分界を確立し政務官制度に依り政爭又は市會分野の變動に伴ふ市政務官の交迭の事があつても、寸毫も市恒久の事務に累を及ぼさない方法は、別に總務局長專任制度に依つて目的を達し得る。單に國政の例政黨內閣主義立憲常道論を東京市政に適用すればよい。何を遲疑し何を逡巡するのであらう。私は從來の如き市長助役の選任就職と追出しと而して市政の萎靡不振を見るに忍びない心地がする。最後に附言する、助役三人を市會から選出する以上高級低級の區別を廢する。三助役は同等の立場に於て政務官であり、對市會關係對政府關係對市民關係等に於て市長を輔佐する。市長代理の順位は抽籤か年齡順で各月順番とする位で足りる。市長は成るべく三助役の一致した意見に從ふが、意見が岐れゝば二助役の意見に從へば、夫でも市會の過半數を制し得るのである。

五　市長助役選擧方針

市政は、リンカーンの言を藉りれば『市民の爲の市民に依る市民の行政』たるべきである。(Government by the citizen, for the citizen, of the citizen) 市民の中から市長助役が見出されない筈は無い。都長官選を峻拒せんとする東京市會が、市長助役の選擧方針が舊態依然たることは寧ろ時代錯誤の感がする。或は少壯有爲の人士が市長の候補者として自薦運動せられたと謂ふことであるが、虛名を排し位階勳等閱歷に迷はされず、實力の人が候補者として名乘りを擧げたことは、私は好ましい現象であると信ずる。但し好漢惜むらくは兵法を知らない。舊式運動手段戶別訪問主義あるを知つて、市政の既往現狀と之に對する抱負經綸を以て、天下に訴ふるの新時代の公明なる運動方法を採らない。市政の現狀は市政に基礎知識を有せず市政に緣故なく交涉なき傭兵を以てしては、假令個人的に識見技能卓越し閱歷聲望大なりとするも、懸案難問の解決は困難であり適任でない。閱歷聲望大ならずとも市政に通曉し實力を具ふる少壯者あり、云々の抱負經綸を以て當面市政を料理すると云ふ政綱政策を以て天下に呼號するならば、立候補運動も相當見ごたえがあり、敗るゝも尙將來に好例を貽すことであつたらう。市長は市參事會又は市會の長老から選ぶべしとは、田川大吉郎氏も主張して居られる。理由は異なるかも知れぬが、私は田川氏の結論に贊成する者である。

六　市廳舍建設の急務と事務中心機關の必要

東京市の事務能率が不統一なる市廳舍に依つて甚しく阻碍せられることは、何人も認める所である。市會も亦之を認めて昭和二年十月二十八日殆ど全議員の提案に成る市廳舍建設促進に關する建議を可決した。曰く『本市會は去る大正十一年五月二十九日市廳舍建築に關し建議する所あり。爾來六星霜を閱するも未だ之が實現を見ざるは、洵に遺憾とする所なり。仄聞するに理事者に於ては之が調査の歩を進めつゝありと。然れども市廳舍新築の事たる現在の狀態に顧み一日も之を忽にすべからず。仍て速に完全なる計畫を樹て、以て事務能率增進と市民の利便とを圖られむことを望む。右建議す』。而して市役所に於ては其の豫算設計も出來て居るのであるから、事務能率增進の一方法としての市廳舍建築の解決は遠からずして目的を達するのであらう。從て私は最早此上言を重ねる必要を認めない。唯即時斷行あるのみと一言するに止める。市廳舍建築に依り外形的に事務の統一連絡統制の利便が得られると共に、否之よりも一歩先んじて事務の中心機關市事務の統制中樞の機能を整備するが爲の總務局長專任の急務中の急務たる所以を力說し其の實現を提唱する。

七　事務中樞機關の缺如

我國に於ては一般に法科萬能主義であり、事務家の跋扈で專門技術家を虐待すると謂はれる。所が東京市役所は其の反對である。技術方面を見れば各專門部局の最高權威が其の局に當つて居る。之を各省各廳又は民間大會社大工場に對して毫も遜色を見ない。勅任一二等相當の技術者は無數であり、技監としても辱かしくない人がある、多士濟々である。然るに事務家に至つては、各省課長級乃至府廳の部長級以下に過ぎない。次官級は思ひも寄らない、局長級勅任級の人も殆ど尋ね難い。東京市役所には事務の中樞機關が缺けてゐる。之を各局に付て見ても、電氣局長理事の中には事務出身を以て充てる例もある。水道土木敎育の各局は技術又は敎育專門者である。保健復興事業の兩局は專任者を置かない。從來僅に三助役が事務中心として、技術局長との權衡を維持し來つた。併し助役は政務官であり、對外交涉對市會交涉の重大なる任務を持つて局務に專念するを得ない。加ふるに更迭頻繁である。助役更迭後に事務の中心を失つて、東京市役所は不統一混亂の狀態となる。高級助役が直轄する各課に於ては、市の重要なる事務を統制するのであるが、之を總括する局長を缺くが故に、高級助役在職中と雖、各局各課に對する統制に遺憾があり、高級助役は到底局務の細目を掌理するの餘裕がない。市長助役更迭の前後に於ては、如何にするも市政の澁滯混亂を免がれ得ない。職務管掌も後任市長助役も、市政の全班に對する助言者がない。勢ひ直接各局各課に付て知識を求め方針を作らなければならない。一應の基礎知識基礎方針を作るに多大の努力と時日を要する。結局市政の進展更張を妨碍する結果となる。市事務の中樞機能を有せざることは現在市役所の根本的缺陷である。

八　局課組織の充實

市役所の局課組織は比較的新しい事である。多年單に課を以て組織して居つた。特別會計の電氣局養育院の局長院長が別の組織となつて居る外は、道路法の施行に際し道路管理職員制に依つて道路局が出來、前後して社會局、水道局が出來た。其の後區劃整理局、臨時建築局が出來、更に復興總務部、學務局、保健局が出來た。後西久保市長の局の廢合に依つて、土木、社會、敎育、保健、復興事業の各局となつて居るのである。見來れば逐次局組織の充實を來して居る。堀切職務管掌も亦『職務管掌中の市政觀』に於て事務の中樞機關としての局組織の必要を力說せられ、總務局經理局の組織をも主張せられて居る。私は從來の沿革に鑑み局組織を完備するの途は、總務局設置に在りと考へる。而して之は極めて自然の趨向であり、市長助役の更迭に伴ふ惡影響を防止するの途であり、市の政務事務を分界するの方法なのである。而して平素に於ては各局各課の連絡統制、市政全班の中樞機能を發揮して市政の能率を增進する所以であると思ふ。事務に堪能なる局長の專任に依て、初めて市長助役選擧に就いて別に事務的手腕經驗を要しないので、市會からも市民からも適任者を見出し得ることゝなるのである。而して私は局組織の完備は總務の一局にて足りると思ふのであるが、或は更に經理局を置くことも異存は無い。但し經理局組織は收入役制度との關係を考慮する必要がある。

九　經理局及總務局の組織

經理局を設置する場合に於て、其の局長は收入役を以て充つべきである。此點から經理局に所屬せしむる事務の範圍は限界を設けねばならない。收入役が課長たる會計は當然經理局に屬するものとして、經理課をも屬せしめ得るや否やは、市制の收入役の權限に關する規定との關係に於て多少の疑念がある。經理局の仕事を物品出納其の他の會計事務と見ることを得るや否やである。尙收入役が收入役固有の權限の外に、市局長として市長の指揮の下に市事務を分掌することも別に違法ではないが、其の範圍は廣きを許すべきであるまい。從て私は會計經理二課を其の所管とする程度であり、地理課は加ふべきものではあるまいと思ふ。況んや財務課の如きは收入役制度ある場合に於ける經理局所屬と爲すべきでないと思ふ。其の餘の直屬課は全部總務局に入れてよい。秘書文書監理財務地理商工の各課である。適當なる組織であると思ふ。而して總務局設置の私の主張は、單なる局組織の問題では無い。事務の恒久性を確保し、事務中樞機能の缺如を補ふの趣旨であるが故に總務局長に付ては助役の兼任を許さない。常に專任局長を置くことを眼目とするのである。私は唯今保健局長が專任の必要ありとは思はないけれども、復興事業局長に付ては復興局も市當局も甚だ誤れる遣り方をしたと思ふ。復興事業の重要なこと一日も弛廢を許さないこと、殊に首腦者の異動を避くべきことは論を俟たない。此の故に永田市長の當時區劃整理局を置き、專任局長は市長の更迭に拘らず其の異動を見なかつたのである。後助役を以て局長に充て助役の更迭に依つて復興事業局は首腦者を失つて居る。助役の一人を復興事業事務とすることは、適當であるが事業局の首腦者專任を怠ることは失當の至である。尤も復興事業は市の執行する部分でも事實上復興局の支配する所であり、其の第一線たる出張所事務も事實復興局出張所に全權委任の形であるから、强ひて復興事業局に首腦者を置くに及ばないと云ふのであらう。市としては無責任であるが復興事業自體は支障なく進捗するであらう。

十　市總務局長の地位

市總務局長專任は總務局長の地位と權威とが重きを致すことを虞れる人があるが、何等憂ふるに足らない。英國の市政の運用宜しきは名譽職員の功績であるけれども事務吏員、就中タウンクラークの恒久的地位事務補佐の賜物である。獨逸都市が市參事會合議執行の好結果を齎すのも、專任職員を重用するからである。米國都市に於て市支配人制度の發達することを見よ。我國の大會社大銀行も、社長專務取締役平取締役等よりも常務取締役又は支配人に於て事務の中樞となつて成績を擧げて居る。東京市の總支配人東京市の總務局長專任に依つて始めて東京市の事務の能率が昂上するであらう。事務の統一連絡能率増進の爲には、市廳舍の建築は其の物質的要件であり、總務局長專任は其の實質的要件である。共に急務中の急務であるが局長專任が更に一層の急務である。私は總務局長の任用分限に關しては、市制第百七十三條に依り勅令を以て規定するの道に出づることも考究すべきであると思ふ。都制案に都長官選民選の主張が爭はれるが之は萬事を措いても民選主義を讓るべきではない。若し官選論者の主張の一部を容認するが爲止むを得ずとすれば、總務局長の官選主義を是認するの途があらう。而して國政事務は場合に依り市長に委任せず總務局長に委任してよい。現に英國のタウンクラークの地位は多少之に類する所がある。

附記　市來市長は財務局を新設し財務局長を專任せられた。私の主張の一部分は滿された譯であるが、私は尙本文の主張の實現を將來に期待したい。

第二章　市財政の復興策一端

一　復興計畫の規模を過小なりと非難したる東京市會

東京市の財政難は市當局の無爲に在る。實質的の困難ではない。市當局の無爲は市會に根據を有せざる自治の常道を離れたる無氣力超然去勢的組織と相伴ふ。市長助役が市會に根據を有し强固なる背景の下に、力强き市政を運用する場合に於ては、市財政の復興策確立の如きは相當の總務局長の輔佐に因つて實現し得るのである。勿論未曾有の大震火災が市財政の上に、將又市財政の淵源たる市民の財力の上に與へた打擊は極めて甚大なるものがあり、從つて從來の市當局者の無爲の辯明として利用されたが、夫にしても東京及東京市民の潛勢的財力は、必要なる都市施設の經費を支辨するに、何等の實質的苦痛を感ずる譯ではない。震災の直後帝都復興の大計畫が或は當初三十億と報ぜられ、二十億に下り、十數億と傳へられ、初めて公式に帝都復興院評議會に提案せられた七億五千萬圓案に對しては、一般に不滿足を以て迎へられたのである。況んや更に帝都復興審議會に於て消極論が唱へられたと云ふので、言論機關や識者は一齊に反抗すると云ふ實情であつた。我東京市會も此點に付て大正十二年十二月三日左の意見を決議して居る。

帝都復興に關する意見書

東京市は輦轂の下にある帝國の首都にして、其盛衰隆替は倶に國運の消長に關す。隨て之が復興建設に方りては須く百年の長計大策を講じ、諸般の施設に萬遺算なきを期せざるべからず。然るに政府が曩に復興院評議會に提示せられたる案は、其規模狹小に過ぐるものあるを以て、本市會は當時非公式に不滿の意を表して之が反省を求めたるに拘らず、其後審議會に於げる審議は益々本市の要望に遠ざかるに至れり。如此は獨り本市の期待に背くこと甚しきものあるのみならず、永く禍を後昆に貽すものと謂はざるべからず。冀くば閣下深く此點に明鑑を垂れられ、別冊本市會帝都復興計畫要旨及本年十一月二十一日帝都復興院評議會に於て議決せられたる希望條項を入れられ、以て帝都たる本市の萬古不易を企圖せられむことを切望の至りに堪へず。右市制第四十六條に據り意見書提出候也。

大正十二年十二月三日　　　　　　市會議長

内務大臣宛

別冊の復興計畫要旨の總費額は十一億四千八百七十八萬八千圓であつて、内燒夫區域内は七億八百三十九萬七千圓、燒失區域外其の他は四億四千三十九萬一千圓、此の後者の中には地下鐵道費二億一千八十萬圓を包含する。

二　復興計畫の大規模を希望したる理由

勿論當時復興計畫の大規模たることを希望したのは、或は全部を國費の負擔に仰ぎ得るものと誤解したものもあり、或は市の負擔に歸すべき部分も負擔力を考慮することを爲さず、財政の前途を思はず唯當面の計畫の偉大を望んだ無思慮の嫌ひもあらう。更に進んで考へれば震災前に於て東京市各般の都市施設の急務たることは天下の輿論であり、後藤子が東京市長として施設すべきものとして發表し、世間一般に其の實現を翹望した事業計畫ですらも、所謂八億圓計畫であつたので大震火災の善後處置たる帝都復興計畫として、國の協力に依り主要部分は國自ら施行する大業が、僅々七億五千萬圓を下ると云ふが如きことは、初めから滿足し難いことであつたのであらう。當時私は帝都復興院の一員として、復興計畫に伴ふ府縣市財政負擔の將來を案じて、特に東京市横濱市の課税收入增加の餘地を調査し、復興豫算の說明資料を整備し、府縣市の執行する復興事業の豫算の編成查定にも參加したのであつたが、各方面からの徒らに無理解無責任の豫算要求が多いのに驚かざるを得なかつた。十一月の初旬に横濱市助役の持參した復興豫算の總額は五億圓を超えたが、之を十分の一以下に切下げる力の程度に付ては多大の疑問があり、財政復興の計畫は可なり困難であらうと思はれた。就中横濱市の負擔力の限度が復興計畫の規模を定むるものであり、結局其の後定まつた規模を超ゆることを許さないのである。寧ろ市の負擔外はなかつた。國の財政の都合もあるが、

三　復興費負擔に關する市會意見

帝都復興の大業は夫々の機關を經て確定した。之に對する經費の負擔は免がれ得べき事ではない。今日に於て帝都復興事業費の負擔の爲市財政の計畫を確立し得ないとは、謂はれる義理も筋合も無い。十一月二十三日の東京市會の意見書に於ても此の趣旨を認めることが出來る。

帝都復興事業費に關する意見書

東京市の復興は其帝都たるの性質上一般都市と全く其地位を異にするを以て、其基幹となるべき事業は國に於て之を執行せられ、其他の施設は凡て本市自ら之が執行の衝に當るべきは、自治の本義に照し固より當然のことに屬す。而して其費用負擔に關しては、國に於て執行する事業に就ても法令の規定又は事業の性質上自治體の義務に歸せしむるを當然と

するの費額に對しては、本市に於て相當の負擔をなすべきは勿論、本市自ら執行する事業に關しても亦適當なる國庫補助の下に市財政の許す限り、之が經費支辨の途を講ずるに務めむとす。然れども災後甚大の打擊を蒙り資源涸渴に陷りたる本市財政の現狀を以てしては、何れの支出に對しても向後之が調辨極めて至難にして、復興の前途轉た寒心に堪へざるものあり。故に此時艱を濟ふには本市負擔に屬する復興事業費の內起債に俟つべき費額は、全部國庫より無利子の貸付を受け、之が償還は尠くとも五年据置二十年乃至三十年の年賦を以て完了する計畫の下に、本市財政の大本を確立し政府の施設と相俟つて帝都復興の完美を計るより他に方途なし。冀くは閣下深く此點に明鑑を垂れられむことを。

右市制第四十六條に據り意見書提出也。

大正十二年十一月十三日　　　　　　　　市會議長

內閣總理大臣、內務大臣、大藏大臣、帝都復興院總裁宛

卽帝都復興事業費の負擔は東京市當然の義務であり、固より之に關する財政計畫を確立するの覺悟であるが、唯事業費の利子に付ては政府に於ても相當考慮を求めたいと云ふのである。東京市財政の復興計畫は此の震災後間もない當時の市會決議の趣旨を貫徹することに依

つて確立し得られる。

四　既定計畫に依る償還年次償還金額

既定計畫に依れば、震災關係の東京市債は總額二億二千余萬圓（二二〇、六六一、一一五）であり、内公募債一億二千餘萬圓（一二一、九一八、九一五）、預金部借入金二千餘萬圓（二一、三三九、九〇〇）國庫借入金七千餘萬圓（七三、五一八、〇〇〇）簡易生命保險積立金借入金三百餘萬圓（三、八八四、三〇〇）である。而して既定計畫に依れば震災應急施設費預金部借入金四、四二四、一〇〇圓の償還年限は昭和三年度であり、其の他の市債は大部分昭和三年度迄据置であり、昭和三年度迄は國庫借入金は無利子、其の他は國庫から利子補給を受けて居るが、無利子又は利子補給は昭和三年度限り打切の事になつて居る。從て昭和四年度以降は元利償還を爲すの必要を生ずるのであるが、其の金額は莫大であつて、不用意に昭和四年度迄對策を考慮せず昭和四年度豫算を編成せんとすれば、市財政を破壊するの虞があり、寧ろ不可能の感がある。右の内先づ昭和三年度が償還期限である、震災應急施設費預金部借入金四、四二四、一〇〇圓は當初の償還計畫に無理があるので、之を昭和四年度以降昭和三十四年度迄延期を申請してあり、政府に於ても此點に付ては相當詮議せられる見込であるから、此市債は償還年限の延長が許されるものと見て計畫してよいと思ふ。右の假定の下に昭和四年度以降の震災關係市債元利償還額は約千四百萬圓（四年度一三、一一八、七六〇、五年度一三、八三九、三一一）の巨額に上るのである。東京市の財政市民の負擔には、相當餘力があることは私の信じて疑はない所であるけれども、一躍千四百萬圓の増加負擔は不可能に近く策の施すべき途がない。何等か既定計畫の改訂を求めるより外はない。

五　災害に對する地方財政援助方針

思ふに我國は災害頻出する國柄であつて、災害復舊の爲の地方費支出に付て、國は國庫補助國庫又は預金部資金貸付又は利子補給の制度が確立して居る。然るに此等の制度は災害土木費に付て完備して居り其の他の災害復舊費に付ては不備であるので、其の間甚だ公正を失し條理を缺いて居る。今更謂ふ迄もなく大震火災の慘害は、古今東西未曾有である。之が復興復舊の施設經費に對する國の協力國庫の援助が、特に深厚なることを期待するは寧ろ當然の筋合である。然も其の實質を見れば年中行事の如き水害復舊の場合に比して寧ろ菲薄である。今回の震災復舊土木費に付ては特に國庫補助率を高くし、八割五分九割五分の例を開いたと云ふことであり、横濱市は復興事業以外に於て約一千萬圓の震災復舊補助の追加交付を受けたのであるが、東京市は何等其の特典に預からない。東京府は二三百萬圓の震災復舊土木費に八割五分の補助を受けたが震災關係費中の一割にも足りない。震災復舊諸費中土木費に限つて高率の補助を爲し、其の他に付ては或は全然補助を爲さず、或は補助があつても平時の補助率であり、低率であると云ふことは甚だ不條理の次第である。私は復興事業費を別として震災關係諸費に對し、各省各局震災地公共團體財政援助の方針は、不統一矛盾の點があり殊に震災地地方財政に對し薄恩苛酷を極めて居る。或は此の大災害に對する善後措置を誤まつたものとして、失態呼ばはりも出來はしないかと思ふ。資途を詮議すれば應急施設費灰燼除却費等の如き之を單に地方財政の負擔に委すべき筋で無いものもある。併し今日となつて溯つて國庫補助の再詮議を要求することも適當でなく不可能であらう。併し之が補ひとして國に於て相當考慮せられる所が無くてはならない。更に災害土木費に關する府縣債に付ては、一定の條件に適合するものは其償還を終る時迄利子補給の特典を續ける。然るに震災關係の地方債に對し昭和三年度を限り、四年度以降は無利子又は利子補給の特典を打切ると云ふことは、無慈悲冷酷を極め公正を失するの措置である。以是東京府神奈川縣及横濱市の當局者と共に、東京市當局者は震災關係地方債の無利子又は利子補給繼續の陳情運動を開始し、其の目的を貫徹して財政復興を圖らんとして居るのである。

六　震災關係地方債に對する大藏當局の態度

震災關係地方債の無利子又は利子補給の繼續の陳情運動に對し、政府に於て如何なる態度を採るか、其の目的貫徹の難易如何は豫測し難いけれども、私は毫も悲觀すべき理由を見ない、適當なる順序方法を經るに於ては成功を確信する者である。此の信念は現藏相の三土氏が衆議院に於て當時政友會を代表する意見として左の演説があるので、一層裏書される心地がする。

大正十二年十二月十九日衆議院に於ける議員三土忠造氏演説の一節

『此政府の計畫に依りますと云ふと、東京市に於て復興計畫に要するものは、國の負擔に屬するものと、東京市の負擔の形式に屬するものと合せまして五億五千五百萬圓になるのであります。其中純然たる國の負擔に屬するものは二億八千二百萬圓である。其のあとの三億三百萬圓と云ふものは東京市の負擔になるのでありますが、併ながら其大部分は或は國が無利子で貸付、或は利子を補給し、當分の中東京市民は殆ど金は出さなくても宜いのであります。而して是が辨濟に付きましても大藏大臣の説明に依りますれば、無利子のものは勿論何時までも無利子であつて、之を何時から償還さすかと云ふ事に付ては、事業完成後の東京市の經濟狀態を見やうと云ふのであります。利子の補給は事業完成の年、即ち大正十七年を限りと致してありますが、是亦其時の東京市の經濟狀態に依つて或は延ばすかも知れぬと云ふのが、大藏大臣の言明であります。又左樣に致さなければ恐らく東京市は負擔に堪へぬであらうと思ひます。』

右の演説は復興事業費の內補助線街路の全部及區劃整理の大部は、東京市をして遂行せしめると云ふ趣意を以て、政府提案の約二割を削減修正するの意見に對する贊成演説の一節であるが、無利子又は利子補給繼續問題に對する極めて好都合の振出手形の觀があることは、誠に奇緣と謂ふの外はない。無利子のものは勿論何時までも無利子であると云ふのは今日の國庫借入金の事ではない。國庫借入金は大正十三年の臨時議會で認めた補助線街路費及區劃整理費に關するものであるから、國が無利子で貸付けると云ふのは其實貸付でなく立替であり、實は國の執行する復興事業費に對する東京市の分擔納付金の事である。之は利子を附けないので、其の納付時期も未だ定まつて居らない、且演説中に在る通り事業完成後の市の經濟狀態を見て定められるのであるから、當分納付時期は到來しないと信ずる。利子補給も大正十七年（昭和三年）の市の經濟狀態に依つて、或は延ばすかも知れぬと云ふ井上大藏大臣の言明に對して、三士氏が賛意を表し裏書をされて居るのであるから、無利子又は利子補給繼續の申請に對しては、大藏省は當時から十分なる諒解があるのであり、現藏相も亦十分に東京市の經濟狀態に鑑みて同情されることを疑はない。從つて府縣市共同の陳情運動は私は成功の見込甚だ大なりと信ずるのである。

七　復興事業費に對する市負擔額

國に於て執行する復興事業費に對する東京市の負擔額は總計一億二千七百萬餘圓、之を三十年度に均分するものとして、一年度四百二十三萬四千五百九十九圓となると云ふことであるが、此の分擔納付に付ては未だ東京市の債務として確定した譯ではない。根本に於て政府は依然東京市をして納付せしむべきや否やを詮議せらるる必要もあり、且從來の方針の通りに負擔せしめられる場合に於ても、前述三士氏の演說にある通り納付時期は、東京市の經濟狀態を見て定められるのである。既に震災關係市債の元利償還ですら四苦八苦の狀態に在るとすれば、勿論負擔金を納付し得る狀態ではない。從つて此場合に於ては一應震災關係市債償還計畫の確立を圖ればよいので、分擔金の減免の問題は他日に讓つて差支ない。但し國の執行した街路工事特に鋪裝工事に付ては、市の執行する鋪裝工事と同樣受益者負擔を徵收することが權衡上當然且必要である。而して國の執行した事業に對する受益者負擔も東京市をして徵收させると云ふことであり、此收入を東京市が私することは不合理であるから、國の執行する復興事業に付受益者負擔の收入あるときは、其の限度に於て東京市が分擔金として納付することは、合理的であり適當の事であると思ふ。

八　市稅增收の途を講ずるの急務

此の如くして震災關係市債の元利償還額が相當輕減せられたとしても、尙東京市が昭和四年度以降負擔增加を免がるべからざるものが、結局數百萬圓には上るであらう。私は今日其の金額を殊更に概言するに止める。此の數百萬圓を昭和四年度に於て一時に增稅新稅に依り充當すると云ふことは、適當でないし容易の事ではない。私は增稅新稅の止むを得ないこと免がれ難いことが明である以上、其の一部分或は三分の一と云ふが如き程度は、昭和三年度に於て解決すべきであると思ふ。東京市は既に震災關係諸費の負擔の計畫を立て、既に其の一部分を負擔するに決したと云ふことに依つて、初めて政府に對し震災關係市債の無利子利子補給の繼續を强硬に要望し得る。姑息偸安震災關係諸費の負擔計畫を確立し得ざる狀況であつては、國民全體の利益より見て政府當局も好意を以て陳情に對し難いであらう。東京市昭和三年度豫算は此の故に財政復興の根本方針を包含するものであらねばならぬ。

參照の一　震災關係府債の償還減免に關する東京府會意見書

大震火災の復興復舊の事業に要する費用、及大震火災に基く歲入缺陷の補塡竝之に關する町村貸付資金に充つる府債に對しては預金部竝國庫より資金を融通せられ、昭和三年度迄預金部融資の分に付ては利子を補給せられ、國庫貸付金に付ては無利子とせられ、本府竝震災町村は利子の負擔を免除せられたるも、昭和四年度以降に於ては元金と共に利子を償還するの義務を負はしめられ、其の額巨額に上り震災の創痍未だ癒えざる府財政竝町村財政を壓迫し、緊要なる都市各般の施設重積するの際、府民は負擔の增嵩に堪えざるものあらんとす。

思ふに大震火災の惨害は前古未曾有にして、之が復興復舊に要する各般公共施設に付ては、國庫の援助も亦特に深厚なるべきを期待するは當然なり。以是震災復舊土木費に付ては特に八割の國庫補助の途を開かれたるも、本府に於て此の特典に預かれるものは、震災復興復舊諸施設中の極めて一小部分に過ぎずして殆ど謂ふに足らず。更に彼の災害復舊土木費地方債に付ては、其の償還に至る迄利子の補給を繼續せらるゝの例に比し、大震火災に關する地方債の元利徵求は却て嚴格を極め、震災地公共團體に苛酷なるの嫌あるは、府民の忍び難しとする所なり。閣下冀くは大震火災に基く復興復舊歳入缺陷に關する本府債の基因と、之が元利償還が府及町村財政に及ぼす影響の如何を考慮せられ、元利償還の免除輕減に付篤と御詮議あらんことを要望す。

右府縣制第四十四條に依り意見書提出候也

参照の二　震災地公共團體の財政救援に關する關係府縣知事關係市長陳情書

大正十二年九月一日突如として襲ひたる關東地方に於ける大震火災の惨害は、回顧するだに慄然たるもの有之候。政府は災後關係公共團體の財政窮乏を察し、資を融して罹災民の援助に、或は交通衞生敎育に、或は公營事業等凡ゆる應急施設に遺憾なからしめ、更に歳入缺陷の補塡復舊復興の爲に其の資源を貸付し、他面是等貸付金の利子補給、無利子の措置乃至公債元利の支拂保證等、關係公共團體に對し財政援助の擧に出でられたるは、洵に感謝に堪へざる所に御座候。

然るに右等借入金中には明年度に於て一時に全額を償還せざるべからざるものあり。其の他は四年度より殆ど一齊に償還期に入り、東京横濱兩市の復舊事業中國に於て直接執行したる事業費分擔金納付の如きも、同年度頃より之を命ぜらるべしとの議ありと仄聞致、旁痛慮に堪えざる次第に御座候。思ふに復興の事業は今尙其の途上に在り。加ふるに打續ける財界の不況は罹災民の經濟をして、益悲境に陷らしめ、所在倒產者相次ぐの狀況に在るは、閣下の夙に御明察せられたる處に可有之、從て豫定の如き元利の償還は到底其の負擔の堪ふる所に無之候條、此際左記方法に依り据置期間の延長利子の免除若は補給の繼續等に付、格別の御詮議を仰ぎ、以て罹災民の窮境を緩和し、徐々に經濟力を涵養するの外他に策の施すべきもの無之と確信致候。願くは閣下御明鑒を垂れられ、以て申請の趣旨貫徹致候樣御配慮を賜はり度、下名等連署伏て奉悃願候也。

昭和三年一月十八日

東京府知事、神奈川縣知事（連署）

東京市長、横濱市長

首相、內相、藏相宛（各通）

記

一　借入金に對する元金は復興本建築猶豫期間中之を据置き、其の翌年より据置期間を通じ三十年間

内償還とせらるゝこと

二　同上の利子は之を免除し若は之を補給せらるゝこと

三　公債の利子は償還を終る迄之を補給せらるゝこと

四　復興事業費分擔金の納付は之を免除せられたきこと

第三章　堀切さんの『市長職務管掌中の市政觀』に就て

一　市政に對する堀切さんの提案

堀切復興局長官は大正十三年の九月八日から十月八日迄東京市長の職務を管掌せられて、其の任務を終へられた際、『市長職務管掌中の市政觀』を發表せられた。東京市政の病根を指摘し、進むべき方向を指示せられた論結は、當路者の好指針であり市政研究者の看過すべからざる好文字である。私は堀切さんの提案は今日尚發表當時と同様、最も力強く實現に努むべきものであると感ずるので、玆に私は堀切さんにお願ひして全文を引用し之に勝手な註疏を加へて見たいと思ふ。或は堀切さんの本旨に違ひ堀切さんに罪を買ふかも知れないが、夫は私の責である。

二　堀切さんの意見

市長職務管掌中の市政觀

堀切善次郎

九月九日圖らずも東京市長職務管掌を命ぜられ、直接東京市政に與ることゝなつたが、今度市長が定つて市政の常道に復したのは實に悦ばしい次第であつて、今後市民と市理事者が眞に一致協同して市の面目が一新せられ、完全なる自治政の出現せむことを期待して息まぬものである。

謂ふ迄もなく東京市は今や重大の秋に際會して居る。徒に蝸牛角上の爭に沒頭して居る秋ではないと信ずる。此際余が市長職務管掌の經驗に依つて得たる東京市政に關する卑見を開陳することは、決して無意味の業ではないと思ふ。幸に市民竝に理事者の參考に資するを得ば、一東京市民としての余の悅之に過ぎないのである。

一　先づ第一に余の痛感することは市政の中樞を爲す人々の間にさへも、自治の根本精神が忘れられて居るかと疑はるゝ點である。自治の根本は公共協同に在る。公共の爲めには私心を去り協力一致することに依て、自治の精髄は發揮し得るのであるが、兎もすると此の精神を缺くが爲めに、市政上著しき弊竇を貽すことゝなるのである。自治體には決して鬪爭の觀念を容るべきではない。凡て協調を基礎とする。理事機關の構成に就ては特に然り、故に市參與や市長の選擧の如きは全然衆議院議員の選擧とは其の性質を異にし、出來る限り競爭を避けて協調を旨とすべきに拘らず、最近東京市の例を見るに市長の補助機關の選擧も衆議院議員選擧と同一に心得、之に狂奔するのみならず、神聖なるべき選擧をして全く興味本位に墮落せしめ、市の利害休戚を顧みざること、恰も鹿を追ふ獵師の山を見ざるに等しきが如き醜狀を呈して居る。選擧は適材を得る爲に行はるゝには非ずして、單に勝負に對する快感に唆られて熱狂するの觀がある。況んや選擧に方り利慾の伴ふ疑尠からず、醜聞絶えざるに至ては論外である。之が爲に犧牲に供せらるゝ市民の利益は、蓋し測り知るべからざるものがあらう。曾て駐米英國大使ゼームスブライスが米國市政の振はぬ原因を指摘して一、人民が市政に不熱心なること二、利慾の念の熾んなること三、黨派心の盛んなることを擧げたが、之は直に移して以て我が東京市に當て嵌めることが出來ると思ふ。市民は今一段覺醒して各自が市を愛し協力一致を基調とする自治の本質を自覺し、舊來の弊風を芟除しなければならぬ。

二　市政に恒久的性質を有せしめなくては、決して其の事績は擧るものでない。明治四十五年六月尾崎市長退職以來東京市長人を代ふること五度、其の平均在職年限僅に二年三ヶ月に過ぎぬ。漸く市の實情に通ずるに至て忽ち其の更迭を見る現狀に於て、如何にして市の發展を期待し得よう。加之、市長の辭職に伴ひ必ず助役も其の職を辭するを慣例として居る。かくては事務の澁滯事業の停頓は寧ろ自然と云はなければならぬ。大阪市が何事に於ても東京市に一步を先んじて居る所以の最大なるものは、實に市長助役の更迭稀にして有能なる吏員の永年勸續する者尠からざるに在るのである。

我國の都市には永久的事務官として永く其の職に在て市政に膺り得るが如き組織を缺いで居る。故に市の幹部が更迭すれば新に來る者は事務に關して誠實懇篤なる助言者を得るに難く、勢ひ市政の澁滯を招くに至るのである。待遇のよきことと地位の安固とは有能者を集むる要件であるが、制度の缺陷や議員の干渉に依て東京市吏員の地位は頗る不安定である。此の弊にして除かれざる限り市政の革新は百年河淸を待つに異らぬのである。

敍上の如き理由に依り東京市の事務は澁滯し、計畫は進捗せず、而も時勢と市民とは日に月に進みつゝあるを以て、市政と市民との間には當然著しき距離を生ずるの數學的結果を示して居る。此の弊を矯むるには先づ處務規程を改正し永久的事務官たる局長を事務の中心として、市長等政務官と其の進退を共にすることなからしむることが肝要である。局を分つに付ては別案の如くするを可なりと信ずるが、大體市長高級助役の下に局を分ち、局長は高級助役以外の助役或は事務家技術家等適材を以て之に充てて事務の中心たらしめ、市長助役は市政の大綱を決して外部に接衡し議員と事務局長との直接交渉を止め、其の必要あるときは市長助役を通じて爲すことゝすれば、從來の如き議員壓迫或は議員と吏員と結托するが如き弊風を免れ、吏員は安んじて其の職に忠實なることを得ると信ずるのである。勿論議員其の他の名譽職は市區理事者を信頼し、之等に對する壓迫を絕對に避くれば自然に有能者を得べく、かくして集りたる有能者中の英才を常に歐米に派して各國の都市施設に後れざらむことを努むるに於ては、市政の圓滿なる發達期して待つべきであらう。

三　東京は震災の爲め其の復興費に巨額の支出を要するを以て、財政窮乏を告げて居ることは勿論であるが、市として爲さゞるべからざることを爲さず、萬事自然の成行に放置し、事業を中絕し、塵埃泥濘足を沒するを以て市街の特色とするが如きは、決して市民の坐視するに忍びざる所である。震火災の厄を蒙れる區域は別とするも、危く火災を免れたる部分さへ今尙唯破壞せらるゝに委し、市民は危惧不安の裡に其の日を送り都市生活の暗黑面にのみ沈淪して、其の悉くが眞の人らしき生活を爲して居らぬ狀態である。然るに由來東京市民の稅負擔は他の都市に比して著しく輕く、常に大に大阪の下位に在る。直接國稅附加稅に就ても相當の課稅餘力があり、家屋稅附加稅に至つては一戶平均額の如き、隣接竝近郊町村中千駄谷町を除くの外、悉く遙に市を凌駕し東京市の二倍を超ゆるもの尠からず、之を燒失區域以外のみに於て一般市町村と同樣の課稅を爲せば、之れのみにても一年數百萬圓乃至千萬圓以上を得られる。此の財源に受益者負擔金を加ふれば、燒殘りの區域の道路の鋪裝の如きは忽ちにして完成することが出來ると信ずる。

此の如く負擔能力充分に存するに拘らず、從前之が負擔を回避して市の當然爲すべき施設を遂行せざりしが如きは、市理事者や議員は勿論一般市民も亦市政に對し極めて冷淡なりし誹を免れることは出來ぬ。今後は大に各自負擔能力に應じて負擔し、整然たる計畫の下に市の事業完成を企圖し、文明國市民たるの實を示さねばならぬ。近代文明の特徵は都市文明であつて、東京は實に日本文化の中軸、東西文化融合の中心地であり、其の施設經營宜しきを得ば、世界の理想的都市となるべき運命を擔ふて居るに拘らず、都市は罪惡の淵叢なりとの諺を如實に示すが如きは、市理事者の責任たるのみならず、市民の一大恥辱と云はねばならぬ。此の際各自の私利私慾を離れ、新東京の建設に一大努力を爲すの必要があるのである。

最近大阪市の如きは二億餘の巨費を投じて大都市計畫を立てたが、國庫補助は極めて少額であつて受益者負擔を主として、殆ど獨力にて之を遂行せむとして居ることに想ひ到る時、益々東京市民の發奮を促さゞるを得ないのである。今日東京は區劃整理等の復興事業以外に差し迫て道路の鋪装下水の完成、各種社會事業に關する施設交通機關の整備等に付き忽諸に付し難き夥多の事業が存するに拘らず、之が計畫すら緒に付かず、財源を何處に求むべきかの考慮さへ費さゞるが如きは、之に對し云ふべき辭がないのである。市民は一大奮起を爲して之等諸施設を遂行するの確信を以て適當の措置を講ぜなければならぬと思ふ。

四　現下我が東京市の重大問題は何を措いても先づ復興事業に指を屈しなければならぬ。帝都の復興は單り東京市の問題たるのみならず、其の遲速成否は日本の盛衰にも關する重大問題であるから、其の計畫は急速に立てられ、其の施行に付ては萬全の策を講じなければならぬことは、今日之を云ふの秋既に遲き感を深うする。然るに市の現狀を見るに此の大問題を中心とした都市計畫に關する何等統一的機關なきに驚かざるを得ないのである。震災の結果區劃整理局なるものが新設せられたけれども、其取扱ふ所は單に區劃整理に關するもののみであつて、道路に關しては矢張り在來の道路局にて扱ひ、水道は水道局、下水は下水課、公園は公園課と云ふが如く一々各別の局課にて處理するが故に、其の間何等の系統なく連絡なく統一なく固より一貫せる方針の見るべきものなく、全く都市計畫なる觀念がないと云つてもよい有樣である。此の如きは到底重大なる復興の大業を遂行し得る所以でない。單に都市計畫に限らず東京市は凡ての制度が不統一極まるものであるが、此の復興に關聯した都市計畫程無秩序なるものはないと思ふ。之に付ては統一せる一の機關を設け、復興局と密接なる聯絡を保つて事業の遂行を敏活ならしむると共に、他方都市計畫に關しても徹底せる計畫の下に、秩序ある進行を企圖せむことを望むものである。而してたま〳〵統一せられたる市の機關例へば經理課の購買事務の如きは活動の敏活を缺くが爲に、工事用品等の調達に暇取り寧ろ之を直接工事を爲す局課に分割すべきである。

五　仍ほ東京市の如く尨大なる財政を經理する都市に於ては、多數の市會議員が少額の豫算を一々其の都度審議することは、徒に事務の澁滯を來す惧がある。之に付ては其の金額を制限する等、適當の制限を設けて市參事會に委任して毫も差支ない。反て市政運用上の圓滑を増す効果ありと信ずるのである。

六、市參與の選擧は先づ局長其の他の職を命じたる後之を參與として市會が選擧すべきものであつて、參與として選擧したる後其の職を命ずるは適當でないと思ふ。從て從來の市參與選擧は其の順序を誤て居りはせぬかと考へるのである。

以上は余の氣付きたる意見の大要に過ぎぬ。固より匆々の際意餘て筆の及ばざる憾なきを保し難いが、現下の市政を革正する一助ともなることゝ確信するものである。併しながら法令や制度は治の具であつて、濁を淸むる源ではないことを知らねばならぬ。要するに市政改革の根本は制よりも寧ろ人に存することを市民に警告し度いのである。

附　市役所の組織は次表の如くするを可と信ずる。

總務局
- 內記課
- 監査課
- 庶務課
- 統計課

- 市長
  - 秘書
  - 高級助役
    - 商工課
    - 衛生課
    - 經理局
      - 財務課
      - 購買課
      - 會計課
      - 地理課
    - 社會局（現在の社會局に學務課を加ふ）
    - 土木局（道路局に河港課を加ふ）
    - 水道局（水道局に下水課を加ふ）
    - 計畫局
      - 區劃整理部
      - 土木建築部（土木局水道局建築局電氣局の關係者を兼務せしめる）
      - 公園課
      - 調査課

臨時建築局
電氣局

局長は助役參與又は專務局長若は技師を以て之に充つることゝする。

三　名譽職員の市政參畫の範圍を擴張すべし

堀切さんは先づ地方自治の本義が市政の首腦者の間にも徹底しない。市會は單にスポーツ氣分競爭氣分の興味本位の權勢爭奪を事とするの有樣を明快に指摘せられた。私は此點に何等異存が無いが、此の如き事態を馴致した原因責任の所在を尋ねて對策を考へたいと思ふ。市會の責任名譽職員の無自覺乃至は市民敎養の不足と云ふが如き見方を以て、漫罵詰責訓誨の言を重ねた所で、事態が改まるものとも考へられない。之を一概に市會及名譽職員の責に歸するは恐らく公正の見解ではあるまい。市會の改善向上を圖るべき餘地は尚甚だ多いとであらう。市會の責任市會の缺點も亦私は毫も辯護し乃至之を蔽はんとする者ではない。市會內部から改造向上を圖ることを念として奮起し市會に投ぜられた名士もある。市會にも亦相當の人物が居る。之を一概に無理解であると云ひ濟度し難いと云ふことは到底受け容れ難い。

市會の現狀を改善するの途は市會の行動を抑制するとに存しないで、却て適當なる市政參畫の途を開き、市政協働の實を擧げ施政の責任を分擔せしめることに在る。利權運動を恐るゝの餘り、市會議員の接近を避くるの方向を採るべきものではなくして、議員をして共同施治に當らしめ責任を分擔せしめるとに在る。單なる可否の表決單なる議決權限の行使のみでは、有爲の議員は滿足するを得ないのである。實質的の市政參贊の範圍を擴張するに非ざれば、議員は爲すべき任務用ゐるべき權力の持つて行き場所に困つて、止むを得ず理事者の追出し運動役員の爭奪戰に狂奔するより外なくなるのである。何を名譽職員に期待すべきか、何事に就て名譽職員の共同施治責任分擔を求むべきか、寧ろ理事者の側に工夫改善の餘地がある。

私は叨りに法制の改廢を云爲するものではない。現行制度の運用の根本思想を改めるならば、現行制度の下に於ても地方議會の責任分擔名譽職員の協同を求める途のあることを信ずる。既に地方議會を設置した、此の强力なる機關の長所機能は遺憾なく發揮せしめるのが當然である。議會制度の沿革議會制度の發達は何を示すのであるか。最初は單なる課稅を承服せしめる機關であつたらしいが、次で重要なる立法及政策の協贊機關となり所謂憲政の發達議會制度の進展と共に、單に發案を俟つて審議し可否を表示するを以て甘んじ難しとするに至つた。所謂議會に根據を有せざる政府は議會と協力して施政を擔任するの力がない。一時は妥協に依り買收に依り操縦に依り瞞著することも出來やう。結局議會の實權を握る者が政權を執るに至ることは必然の理數であり、自然の道程である。此の所謂憲政常道の觀念が何故に地方自治體に適用されないのであらう。勿論國政と地方行政と性質を異にする所はある。中央政界の分野と地方議會の會派とは、必ずしも一致すべきではなく寧ろ別箇の關係に立つべきであらう。但し議會と理事者との關係に付ては、結局同様の趨向を進むべきは殆ど疑を容れない昭々乎たる事實である。市政其の他地方行政の現狀は畢竟ずる所理事者對議決機關の關係の圓滑を缺くことから來る煩悶焦慮の過程に外ならぬ。兩者の摩擦軋轢は議決機關に相當の活動舞臺を與へ、有り餘れる活力を發散せしめて解決さるべきである。私は其の機運が正に熟せんとして居ると思ふ。議決機關の活動範圍議決機關の機能が空疎なる形式事項を離れて、實質的に地方公共の利害に接近するの實質的内容を具備するに至つて、初めて市會も市會議員も其の本來の面目に立返り、理事者と共同して責任を分擔し爲政の良否に付最大の關心を感ずるに至るであらう。地方議會地方名譽職員の改良向上は此故に現行地方制度運用の改善に俟つものであり、其方向は理事者の組織選擧及理事者と協働する委員制度等の根本的なる徹底的なる運用方法を改めることであらう。

四　市會に根據を有する市長助役を選出すべし

次に東京市の市長助役の更迭が頻繁であり、之に伴つて高級市吏員の動搖があり市政の安定を缺くことが、東京市政の根本病弊であることは堀切さんの指摘された通りである。何が故に市長助役は頻繁に更迭するか、何が故に市長助役の更迭が市の恒久事務の安定を脅かさねばならないか。明治後半の東京市政と大正年代の東京市政を比較すれば、進步發達の反對であり逆轉退步であると概言することを得る。明治の前半は自治制の準備時代であつた。二十年代に自治制は施行せられたが、三府三大都市は府知事をして市長の職務を執らしめる所の謂はゞ恒久的職務管掌の制度で、帝都自治權は多大なる制限を受けて居た。夫にも拘らず殆ど同時に東京市のみを目標とする市區改正條例が施行され、其の委員會々長は內務次官が當つて官僚的ではあつたが、近代都市としての施設計畫が著手されて多少の成績を擧げた。市制特例の撤廢は十年間の根强い運動に依つて僅に其の效を奏したが、明治三十一年から明治の末年迄の東京市政は、進步的な民本的な自治の進展を見たものである。初代の市長松田秀雄氏は市參事會員から昇任した。市政には最初から通曉した人である。二代の尾崎行雄氏其の輔佐たる助役適任であつて在職前後九年に亘り、特に日露戰後經營としての市區改正事業の促進の爲には、市區改正局を設け市民の中から角田眞平氏を任じて力强い市政の遂行を見た。市參事會には星亨の巨腕が揮はれて弊害もあつたらうけれども、力强い施設に依つて時代の要求を滿たして來たのである。然るに不用意にも合議制度參事會執行機關制度は國情に適せずと云ひ、市參事會員の被選資格を市民から市會議員に局限して、明治四十四年市制を改正した積りで居つて其の實改惡なることを覺らない。市長助役が常に市參事會市會と密接な連繫を有したものも、執行議決の機能を叨りに分界した爲に、執行機關は市會で選擧されるけれども、市會との連繫は絕えて市會に根據を有しない。市長の人選も單なる位階勳等閱歷を問題とし、虛名に迷はされて傭兵と選ぶ所がない。市政に對する基礎知識の有無も、抱負經倫も市に對する愛著心の有無も問ふ所ではない。單に人材として見れば歷代市長は敢て不足はあるまい。議會あるを忘れての銓衡方法が誤まつて居るのである。

國政に付ても單に人材として見れば政黨首領に限らないのであるが、現實の政局の支配者として內閣組織の大命を奉ずる者は、下院に根據を有し又は有し得ることを要件とするのである。超然內閣非立憲內閣は無力であり、議會の實力の爲に去勢せられる。人材として選ばれた市長も市民の期待に背き市會の滿足する所とならず、何等爲す所なくして市會に惡聲をあびせて退職し又は退職せしめられる。市政上爲し得る所は彌縫姑息都市百年の大計の如きは尋ぬるに由も無い。市長更迭の頻繁市政の不振不安定は其の結果である。拔本塞源の道は市會に根據を有する市長助役の選出であり、市長助役の選出方法の改善に依つて、事實上市會が市政に參贊するの根本を基礎づけることに在る。市長助役は市會に依つて、成るべくは市會の中からせめては市民の中から選出する。天降り又は傭兵市長お飾り市長を排斥する。眞に市民の市長たるに至つて自治の本義は徹底し、市政の安定も期し得られる。而して市長助役を政務官とし市會との交涉關係、市民との關係對外關係に當らしめ、市の恒久事務には總務局長を專任して市事務の中樞機關とし、統制連絡を圖らしめるに至らば、市政の不安定は芟除し得られる。其の他市の局課組織に關する提案人事財務文書等の中心統制を缺き、事務の不統一冗費の原因を作り局課割據の諸弊滔々たるものがあること、乃至は高級助役更迭後に於ける事務上の助言者の皆無、事務中心の缺如統制機能を喪失したる半身不隨の實狀、重要なる豫算編制も市政の方針も一時中絕するの實狀、後任市長助役も自ら各局各課より知識意見を蒐集して、統一し策案するの止むなきが爲の市政の停頓等の事情は、總務局長專任を急務中の急務とすることを茲に繰返して置く。

第四章 東京市政雜感

一 市會の不人氣を改める必要

東京市會の甚だ人氣の惡いことは爭はれない。人は口を開けば市會を罵倒する。極めて低劣なる形容詞を以て之に對するものもある。市會の人々も之は相當考へねばならぬ問題であるが、世間の見る所も誤つて居る所が多いと思ふ。或は個人として立派な人も、市會に於て議員として行動せられる場合は、他愛もなく妄動されると云ふ類はあるまいか。私は多數の議員諸君は、個人としては敬意を表すべき人々であると思ふ。帝都自治行政を運用されるに當つて、現在の如く世間の非難が常套語たる實狀に對しては、何等か適當なる對策を講ずべきではあるまいか。市會に於て現に革新會と云ふ名の團體もある。市政刷新を標榜する團體は從來とても多かつた樣であるが、私は如何にかして東京市會に對する世評を改め、帝都自治の議決機關たるに辱ぢないものであるかを明にする必要があることを思ふ。世間では市會議員の素質を云爲する者が多い。市會を改造すべしと云ふ主張も屢〻聞く。私共に市會議員とは一般にどんなものだと露骨に質問する人もある。之に答へるには我國民の代議選良の府たる衆議院も、實業家から出る東京商工會議所も世間の非難や惡評の絶えないことを想起する。公人生活全般に於て同樣に改善すべき點が存するかと思はれるのであるが、獨り東京市會に於て特に現任議員の素質を云爲し其の改造が市會改善惡評根絶の途なりとは考へられない。議員諸君も多勢であり中には敬意を表し兼ねるかの疑ある人もあるが、大體に於て市民の選良であり、現狀に於て市民中の公人生活を爲す人々の中から選擧するものとして滿足すべきものである。現に衆議院議員選擧に立候補し當選した人も少からぬし、或は府會議員を兼ね或は區會議員を兼ねて居る。市會が普選法に依り次期の改選を見た場合に於ても、所謂無產大衆の新興勢力から多少の新人が出るであらうが、大多數は從來及現在の人々と大差はあるまいと思はれる。然らば何が市會を惡評の府たらしめたか、東京市會の惡い所は何であるかを先づ反省すべきであり、惡評の根源をつきとめ、矯正の途を講じ、市會の品位名譽を昂上せしめることは極めて緊要の事であると思ふ。市會の中に市會の名譽を傷つけ、市會の品位を低下する人が萬一にもあるものとすれば、之れは市會自から之を防止する方法を採らなければならない。市會の惡評市會の不名譽は他人事ではない。市自身市民自らの問題である。市會の心ある人々に私は何等か此等の點に於て工夫すべき所はないでせうかと伺つて見たい。

二　市會議員は利を求む

人或は謂ふ市會議員は利を求めるが爲に市會の品位を低下せしめると。利は人の欲する所利慾に動かされて市政に妄動し、市政に關聯して私慾を滿さんとする者ありとすれば、之は誠に困つたものである。果して此の如き非難が當つて居るか、此の如き弊害事實があるか、然りとせば之に對する防止策は無いのであらうか。市役所には監査課もある、市會は市政檢査委員を置いて市政を檢査する。市會にも斯種の問題に對し所謂正義派の人々がある。時には嚴格過ぎる論議も現はれる、市會內部に於て相互に牽制し相互に警戒する機能もある。私は所謂利權漁りの弊害に付て之を改善するに付て理事者の採るべき途は、市會の自働的淨化作用に訴ふべきであらうと思ふ。利權漁りの爲に苦しめられると傳へられる市役所各局課は、利權目錄及所謂利權漁りの顚末を明にし、將來の矯風の資料とする道はないのであらうか。監査課と市政檢査委員は之を審査して、弊害を根絕することが出來ないのであらうか。或は又市政檢査委員の一分科とし、又は之と併立して市會自ら利權運動防止委員を設置して、此等の弊風を根絕し市會の品位名譽を昻上せしめることは、どんなものであらうか。下世話に謂ふ蛇の途はヘビである。輿論の監視と此等の組織とに依つて傳統を一洗するの見込は無いであらうか。

三　名譽職員は名を求む

併し利のみが議員名譽職員の求める所ではない。利以上に名を求めることの甚しい實情を見る。名譽職員が名を求めることは、議長副議長委員委員長參事會員其の他の役員の爭奪戰の熾烈なることに於て、私共には意想外に感じられる。蓋議員として發言表決の場合は何れも同等であるが、個人としては千差萬別である。同等なる議員中に在つて特段なる地位又は名を得やうとすることは、高尙なる名譽心向上心であつて私は大に敬意を表したいと思ふ。名譽職員既に名を好むこと甚しい。孟子の口吻を眞似れば、名を好むこと甚しければ、之を善導すれば、道に庶幾からんかと謂へる。名は實の賓である、名を求めるの勢を善導し委員たり委員長たるに熱中狂奔するの勢を善導し、競つて公共の事業に公共の利福の増進に危害の防止に、事功を擧げしめる途は必ずや存するであらう。私は從來の官憲や理事者は實は名譽職員を利用するの器量を有しなかつたのではあるまいかと思ふ。名譽職員の活動は此の故に抑制すべきでなくて、却て之を放任するに在り、其の名を好み地位を求めるの風を利用するの途は必ずや存すること丶思ふ。東京市會は改選の當初常設委員の委員長選擧に、時ならぬ大波瀾を捲き起した。電氣事業調査及水道擴張調査の二委員會は、今に委員長が出來ないで困つて居る。私が中村市長の當時中央卸賣市場調査委員會の委員長を引受けた時私は其の事が名譽職員の方々の憤懣の種とならうとは思はなかつた。やかましい魚市場等に關することでもあり、委員長に困るからなつて呉れと云ふので、市の御都合であれば宜しいと引受けて第一回の委員會を開いた所が、名譽職員なる委員の方々の中から、劈頭市理事者に對して委員長の囑託の仕方が惡いと詰問的質問で、委員長席の私は猛烈なる不信任的空氣に聊か驚いた事もある。恰も市長更迭改選後市會の委員長問題の紛糾した當時、左程までに市會の諸君の熱望せらるる委員長の地位は何時でも返上するからと、私は辭意を表明したが、當時の理事者の懇請によつて其の儘此の有り難き委員長を續けて居る。名譽職員に成るべく委員長をつとめて貰つて、而して之にふさはしい見るべき事功を擧げて貰ふことは結構な事であると思ふ。

四　男子誤つて東京市助役たる勿れの歎

曾て東京市助役の地位に在つた人が、後世子孫をして死んでも東京市助役たらしむる勿れと長大息述懷を洩らしたと謂ふ。東京市長となり助役となつた人は、よく斯く迄とは思はなかつたと云ひ、機を見て退路を發見せんとしたと傳へられる。進退の機を失つた場合は滿身是れ創痍、鮮血淋漓として再び社會に立ち難い場合もある。東京市政は有爲の人物を迫害し脅迫し去勢し甚しきは慘殺するの人物地獄であると云ふ者もある。心ある者將來ある者は宜しく利祿に迷はず、名譽にあざむかれず間違つても市助役の地位に誘はれるなかれと云ふ。之は多分誇張に過ぎて居らう。都大路の市役所や市會に敢て鬼が住む譯ではあるまい。御機嫌のとり惡い市會と無暗に威張り散らす名譽職員と、利權を漁つて飽くなきの徒と、群を成して陳情し來る市民の手引者ブローカーの類の應待の爲に、男子の意氣地と正義の信念とを蹂躪せれて、蹣跚蹌踉として敗殘の身を市役所から放逐せられるのが常態であると形容する者もある。之も修飾が多きに過ぎる。假に其の嫌があるにしても力ある人は奮起してもよからう。鬼ヶ島征伐の意氣があれば帝都の中心である、跋扈跳梁する魑魅罔兩は、之を天下の視聽に訴へて虜にし、一刀兩斷するの方法もないではあるまい。とは謂ふものの帝都市政の改善刷新は一朝夕の事業ではあるまい。眞に東京市政に盡すが爲には、不用意に輕々しく市に身を投ずべきではあるまい。徒手空拳身を挺して中流の砥柱となり、刷新改善の中樞となると謂つた所で、一人の爲し得る所は知れたものであらう。市政の根本的改善の機運の熟するのを待つ外はない。市長助役の政務と局長主事の事務の分界を明にすること、對市會關係を改善すること、事務中樞の總務局長專任などは、此の機運の熟すると共に決行されなければなるまい。私共は尚其の時期を近き將來に期待し得ないのであらうか。

五　東京府に於ける私の經驗

私が東京府內務部長に轉任した時、我行政部內醇忠無比の人材として、敬慕措く能はざる所の大先輩は、私に對し轉任の祝意と共に溢るゝ如き親切なる忠言を寄せられた、『いづれの地方も議員共が我儘、別して東京のは格段に然りと承はり居候。御如才も有之間敷候へども、愼重に御注意狗鼠の輩に傷けられざる樣、愼重御注意切望の至に不堪候』といふことで私の性格が殊に府市の行政や府會市會の荒波に適しないことを憂ひ、私の才を愛して蹉躓せしめまいと云ふ老婆心である。（文中狗鼠の輩とある言葉は過言であらうが、私は豫て府議市議區議と云ふ言葉に何かしら世間一般に十分なる敬意を拂はないことを遺憾ながら認めざるを得ない。英人がエムピーの略語メンバーオブパーリアメントに滿腔の敬意を感ずる氣持とは、自然大なる相違を覺える。私は此の言葉の不用意とか過言とかと云ふことよりも、先づ議員に對する世評の改善の工夫を考究すべきであると思ふ）。私は意を空しうして此忠言に聞き、名譽職員諸君との折衝應待には細心の用意を以て蒞んだ。私の二年有余の經驗は極めて氣持よく極めて愉快であつて、敢て恐るべき警戒すべき必要を感じない。氣易く隔意なく見る所を主張し説明し貫徹するを得た。放膽な積極的な懸案は解決し盡さずんば止まずとする慨を以て編製した三回の豫算案は、歳出各款殆ど厘毛の修正削減を受けない。何が現下の府政の必要であるか、何が府民の要望であるかを尋ね、出來得る限りの努力工夫をした。府會に關する限り大先輩の忠言は當らないかの感もある。然るに東京府廳の建物の約半分は、東京市役所に貸してあるが、世間は之を市役所と稱する有様である。其の府廳の玄關の廣間から二階に至る階段の中程に、府の側には太田道灌市の側には徳川家康の像が立つて居る。江戸城創業の此の二人の配置も面白い。府知事を理事者とする府公共團體の行政は、淡泊飄逸道灌の面影があり、市會の選擧に依る市長助役を理事者とする市政に對しては、市民の要求は執拗頑强家康の如きものがある。府會議員にして市會議員を兼ねる人が八名もあり、市會議員の一割市部府會議員の二割は共通の譯であるが、同一の人が府政に對する場合と市政に對する場合とには、理事者に對する態度心理狀況に大差があると謂ふ人があり、其の原因が府の職員が官吏であるからであり、都長官選論の强みも此處に在ると云ふ人がある。私はソンナ差異の有無も何とも謂へず、此の考方の當否を知らないが、個人個人に付ては市會の人々に尊敬すべき人信賴すべき人の多い事を知つて居る。結局私は個人として市會議員たるに辱しくない人々が、多數でありながら何故に東京市會が世間から惡評を受けるかの根本原因は、十分諒解し得ないのである。

六　市の法律事務と辯護士たる市會議員

東京市會が大阪市會よりも論議が多く、理事者の苦しむのは議員に辯護士其の他の法律家が多いからだと云ふ人がある。正義を守る眞の法律家であれば、幾ら多數であつても何等不可はない。群小法律論の跋扈は何處でも迷惑する。私は豫て東京市に法律事務局を設置して市の財産權の確保維持、市の請求權の正當なる行使方法を一任することゝしたいと云ふ提案を有つて居る。東京市の財産上の請求權の厲行は、市政の現状では甚だ困難である。莫大なる市有地や市營造物建物等の占有者と市との關係は、容易に之を整理するを得ない。正當なる地代家賃の値上も、大擧して陳情せられ議員名擧職員を動かす。滔々として市の財産權は歳と共に占有者に侵害せられ、實質價値を減損しつゝある。市有地借地權は强力であり高價である。反面に於て市有地所有權の價値は低下しゝある。敢て高利貸の如くに其の權利を厲行せよとは謂はないが、公平正義の要求する限度に於ける財産權の行使利益の擁護權利の維持保存は、一般市民に對する理事者の義務である。私は現在の局課組織に滿足せず法律事務局を設置し、此の事務局の權限と職務とを一括して、一流の辯護士法律事務所に委任する方法を採つてはどうかと思ふ。或は又市の一定の財産に付ては之を公益信託として、一流の信託會社に信託することも一策だと思ふ。然るに尚一案としては市會議員中の辯護士を以て、東京市法律事務委員を組織し、市財産權の維持保存權利行使に關して審議調査せしめてはどうかと思ふ。辯護士は辯護士として、醫師は醫師として、議員の職務を行使する上にも、其の長所を利用する途がある。辯護士議員が辯論を長所とする爲、市會の論議が賑やかになることに恐れをなすのは馬鹿々々しい。市法律事務委員として其の長所を發揮して其の鋭鋒を他に轉じて貰へば、市は一擧兩得である。尙序に附言すれば瓦斯報償契約の問題板船權の問題其の他市政上の懸案難問には、法律的問題が多いのであるから、法律事務局は此の見地からも必要である。英國の市役所には法律事務局が存するのである。（別著都市行政と地方自治の中に『都市計畫の法律問題と都市の法律事務』と題して本件に關し詳論して置いた）。

七　市の豫算消化能力

市政の澁滯と云ふことが不信任決議に關して一般に注意される樣になつた。其の中に田川大吉郎氏が市の經費支出の程度から、市事業又は市事務の澁滯の程度を論ぜられ、乃至は市の豫算消化能力を斷ぜられることが、特に私の注意を惹いた。田川さんの御議論は一見明白なものゝ樣であるが、此の故を以て市豫算が徒に尨大に過ぎ、市の事業執行能力を超ゆると云ふことは、私には同意し難い結論である。豫算執行の遷延、豫定事業の遲延に付ては、各局各課を督勵して事業執行工事竣功を出來る限り繰上げしめ、せめて豫定の通進捗させることは如何なる公共團體にも必要な事である。東京市は豫て事業執行の豫定計畫を作らしめ、嚴重なる監査監督の方法も講ぜられて居る。但し尙現在の成績に對し一層改善せしめ督勵を加へるの必要あることは私にも異存は無い。けれども東京市の施設は尙甚だ足らないものがある。財政を按排し適當の計畫を定めて、必要なる各般都市施設を整備する必要は甚だ大である。然るに此の上各種新規事業を遂行する執行餘力が無い。否既定豫算ですらも、東京市の現在の消化能力事業執行能力を超えると云ふことは、私には全然信じ難い所である。

田川氏の指摘される東京市豫算の繰越の事實はある。特に繼續費遞次繰越額は、大正十五年度昭和元年度決算に就て實に九千百七十一萬圓の巨額に上る。併し漫然此の數字を以て東京市の事業執行能力の限界を判斷することは、甚だ當を得ないと思ふ。蓋し繼續事業の繰越に付ては尙繰越の止むを得ない原因を調査する必要がある。起債を財源とする繼續事業の遲延は、起債許可の遲延に基づく場合があり、之は別途に考へなければならない。勿論事業執行能力の問題ではない。次に東京市の繼續費の繰越の主要部分は復興復舊の事業に屬する。

街路修築並土地區劃整理費の四千百八十七萬圓、帝都復興費の三千六百九十二萬 、震災復舊費の六百八十七萬圓、中央卸賣市場分場建設費の百二十九萬圓、市立病院特別病室建設費の九十七萬圓の合計八千七百九十二萬圓は別個の考察を要する。其の他の繼續費に關しては繰越額は必ずしも多大なりと謂ふを得ない。震災の復興復舊の事業は、固より之を速に完成する必要がある。單なる議論からすれば、復興復舊事業の遲延は他の繼續費の遲延よりも一層不都合であり、一層之を改善し督勵すべきものである。一般論としては私にも何等異論は無い。併しながら東京の復興事業殊に其の根幹たる區劃整理の事業が、如何なる難關に苦しんで來たか、而して十三年及十四年前半の惡戰苦鬪の後、漸次進捗を見爾來長足の進展を告げて、當初の遲延を取り返さんが爲に、現在に於て如何に目醒しく進行しつゝあるかは、市民の熟知する所である。復興復舊關係の事業の遲延繼續費豫算繰越は、現在の執行能力の不足又は現在の執行割合の不足にあるのではない。十三年及十四年前半等の事業當初の難關に由來するのである。復興復舊事業關係の經費支出の原因たる、區劃整理移轉命令其の他事業の基礎行爲は、著々築かれて居る。今日に於ては最早帝都復興復舊の施設の完成を疑ふ者は無い。然らば復興復舊豫算の繰下げを行つて、豫算の上の執行殘繰越額等を無からしめることが好ましいかと云へば、夫は時に大藏當局の主張した所であるが、復興復舊事業の一日も速に遂行し完成する必要あることに鑑み、事業完成期の延長を意味する豫算の改訂は到底市の公益上忍び難しとして强硬に主張し來つた問題である。私は帝都の復興復舊事業に極めて深い同情を有せられ、市の現狀に通曉せられて居る筈である田川さんに、市豫算の繰越額の多いことを根據とする、市政澁滯又は市執行能力の限界論あることを以て寧ろ不思議に思ふものである。

尙序に一言するが市政の澁滯は起債詮議の遲延に在ると云ひ、之を以て政府の責任とする見解である。一體地方債起債の許否の審議決定は私も豫て之を促進する必要を痛感し力說したこともあるが　併し起債計畫を定め起債の稟請をする地方自治體の側に於ても、一層徹底した態度と事業に對する正確なる計畫を確立する必要がある。起債の詮議が如何なる點を眼目とするかは經驗ある者には見當がつくのである。主務省に於ける起債詮議の遲延は政治的原因ではなくして、事務的原因である。若し事業の必要が爭のないものであり、起債の計畫が間然すべき所がないと云ふ場合に於て、事務上の手續が完備した場合に於ては、市民の輿望市民の幸福に反して尙之を抑止するが如き目先の見えないやり方は、如何なる政府の場合に於ても一時的には格別、長い間に亘つて見れば到底採られることはあるまいと思はれる。起債許否詮議の促進方に付ては市政の運用上一層事務的に考究する必要があると思ふ。

八　府と市の關係

東京府と東京市とは同じ建物に同居して居る。普通の府縣と府縣廳所在都市との關係よりは一層密接なる關係に在る。他府縣に往々見る所の府縣廳と市役所との啀み合ひと云ふが如き弊害は少しも認められない。けれども私は尚府市の關係連絡を一層密接にしたいと思ふ。東京府の行政は東京市が餘りに大なる爲に、東京市が東京府の一部であることを忘れて、東京府郡部のみを念とすれば足りるかの如き思想が潜在しないとも謂へない。今日は大に改まつたけれども曾ては府の社會施設と市の社會施設との調和分擔が必ずしもウマク行かなかつた。時に重複の嫌がないでもなかつた。中等敎育の施設に付て東京市が、財政の將來を考へず手を染めた例の如き、現在及將來に亘つて相當考慮する必要があると思ふ。市内に中等敎育機關を設置する必要がありとすれば、何故に市部選出府會議員諸君の力を藉りて、府の施設を求めることが出來ないのであらう。爲すべき事業が山積して而も力續かざる市が、何を好んで府の爲すべき仕事を爲さうとするのであらう。東京市會に大正十一年頃東京府の環狀線放射線道路の受益者負擔規程の內容に付て、內務大臣に意見書を提出したこともある。之は漸く昨年に至つて無事解決を見たが、市內の都市計畫道路事業受益者負擔規程は尙制定を見ない。大正十年以來道路評議會の議決に基き市內道路鋪裝工事の好財源として、市內車の稅金を移讓せられたいと云ふことは懸案多年に亘つた。之が解決には一昨年の府會に提出して昭和二年度豫算に市郡連絡土木費補助の形式を以て百萬圓を計上し、尙昨年も同樣計上し窘窮せる市財政を援助すること丶なつた。尙市部府稅千二百萬圓の賦課徵收は、各區長各區役所で取扱ふのであるが一般に徵收交付金は百分の四とすることが、現行各種制度の例であるに拘らず從來は四萬五千圓の少額に過ぎなかつた。之が十四年の府會に於て七萬圓となり十五年の府會に於て府稅滯納整理の爲の理由を以て、更に十九萬五千圓となつて居るのであるが、之を一般町村に對する權衡を見れば、市の立場には更に增額を要求する理由がある。其の他東京府の施設に對して、町村と同樣の取扱を要求すべき問題が少からぬ樣に思ふ。然るに東京府に對して東京市の爲にする施設に付ては、之を熱心に主張する人が甚だ少い感がする。府會市會は同一の議場を使用し、密接なる連絡關係があるべきであり、市會議員の一割は府會議員を兼ねて居り、市部府會議員から見れば其の二割は市會議員を兼ねて居りながら存外連絡協調が十分でない。昨冬十二月二十四日博覽會協贊會の午餐會に於て、私の席の近くに於て府會の松見市部會議長が、市會の入山副議長に初對面の挨拶をして居られると云ふ有樣であるから、私は一驚を喫したが、市會府會の人々の連絡協調は一層之を講ずべき餘地がある。而して府市行政の連絡提携に付ては大に考究すべきものがある。例之市廳舍改築の問題は當然現府廳舍及府廳舍敷地の將來に付ての大方針と關聯すると云ふか、或は雙方を考慮して適當の成案を作るべきであらう。府市の連絡協調は、府市の職員吏員名譽職員相互の間から、府政市政の運用の上に進むべき必要がある。

九　府市人件費の差異

市立中學の經費と府立中學の經費とは、前者が一割位多額であると云ふ。之を同一程度に査定する理由及必要があると思つた所が、其の差異は主として人件費に存するので、之は豫算全體の關係で手が著けられないと云ふ事である。或は府職員と市吏員の物質的の待遇を比較すれば、後者は前者の概ね五割增以上だらうと云ふ。其の差異ある理由及必要如何と尋ねて見ると或人は其の三割は地位の不安に對する保險料であり、他の二割は名譽職員のお威張り我儘に默從しなければならないことの慰藉料でがなあらうと笑つたが、待遇の厚さは多々益々喜ぶべきではあらうが、多少心すべき所が無いでもない。同じ月給百圓の人の人件費計上に付て、國の豫算は俸給賞與を合せ唯俸給一年分即千二百圓を計上する。賞與は俸給其の他の豫算殘を流用する。東京府は俸給十二月分賞與半月分即十二月半分千二百五十圓を計上し、賞與は豫算殘の流用で凡そ一箇月半弱を給與する例である。市豫算は俸給と賞與を全然別として流用を認めず、俸給は十二月分賞與は二月分計十四月分千四百圓を計上する。國に於ても府に於ても俸給豫算は結局賞與の財源であり、尙將來の增俸餘地を存する必要等で、增俸は豫算經理の上から適當に掣肘される。所が東京市では增俸は豫算一杯何等の考慮が要らない。勢ひ增俸はアマクなる。或は例之市役所費事務員技手醫員の豫算定員三百四十七人が、實際は三百二十人で二十七人も缺員があり乍ら、平均豫算月給九十七圓を實際の平均月給百一圓三十二錢八厘となつたり、待遇の厚い事は大に可なりであらうが、同一箇所に執務する府職員との權衡經費節約の見地からすれば、人事行政上相當改善の餘地が無いではあるまい。待遇の低下とか豫算削減の荒療治でなくして、數回の增俸期に一貫せる方針を以て、穏當なる抑制を加へて豫算經理を合理的に改善する途があらうと思ふ。但し之は市役所の現在の組織に於ては望み難い事かも知れない。

十 私と東京市との緣故

終りに私と東京市との因緣を書いて見る。大正十年二月二日後藤市長當時池田助役から電話で私に市役所に入る考はないかと交渉があつた。前年私は國勢院を去つて自ら朝鮮總督府へ轉任の方法を講じたり、院務に平かならざるものがあつたので、官界を去ることを何等惜しいと思はない。男子會心の活動舞臺があれば、何處へでも飛込む考であつた。併し市吏員に對する政府の態度、市吏員と官吏との關係に付て私は多少の考を持つて居り其の一部が當時政府案となり樞密院諮詢中であり、後藤市長の力で解決が出來やうかと思はれた。私は最初諾否を明にしなかつたが、二月四日には後藤さんが小川國勢院總裁に私の市役所入りの話を始められたと聞いた。池田さんの勸めで二月六日に後藤さんを訪問して、後藤さんは私の經歷を喜び卒伍から身を起した將軍が賴もしいといふ意味合に於て、私の市政所入りを勸められた。當時私は國勢院から洋行する內議があつたのであるが、洋行は東京市からでも出來やうし、市で困るときは將來のことも何とかならうと云ふ話であつたが、私は一旦市に入る以上豫め退路を考へることはしない。窮すれば何等か自分で措置を講じ、敢て後藤さんを賴りとしないとお答へしたが、此會見の結果後藤さんは更に數回小川國勢院總裁に交渉され、數日を經たが國勢院側では私の進退の影響と私の將來を案じて、殊に阿部第二部長がどうしても承知されないので、數次の曲折の後二月二十三日に至つて遂に此の話は打切となつた。

私は市吏員たるに固く決心して居つたけれども、私の上司に於て退官に同意せられない爲遂に斷念するの外はなかつた。當時の私は官吏の俸給は三級俸三八〇〇圓であつたが、市主事一級俸五〇〇〇圓とし、庶務課長（現在の財務文書）兼經理課長の見込であつたと云ふことで、現在の助役直屬課の要部に當る筈であつた。此の好機を失して後私は五月上旬洋行の途に就き、マルセーユからニースモナコに遊び、瑞西に入りジュネーブに滯留、次で各地の名勝を訪ねてから、ウィーンに出で、ベニスに轉じ伊太利を巡遊して、再びジュネーブに歸つた。八月伯林に出で數月滯在、其間スカンヂナビアに遊び、南獨諸都市を訪ひ、冬になつて蘭白を經て巴里に越年し、倫敦に渡り十一年二月米國に渡り、各地を經て四月歸朝した。私の出張用務は軍需工業動員又は國家總動員事務であつたが、私は專ら都市行政に注意した。

歸來私の書いた地方行政に關る意見書の一節、都市の土地課税增課の主張及其の材料、官用地に對する課税相當額交付の主張等が、後藤市長意見書の一部に採用せられて居ることは、私の調査が多少役立つた譯である。尙關大阪市長は特に私の意見書に對し激勵の書翰を寄せられ、池田氏は私を市政調査會の地方財政調査を擔任せしめんとする內意を洩らされたが、私は歸朝後拓殖局書記官に轉じ、大連旅順から附屬地各都市ハルピン等を歷遊し都市施設の視察をした。間もなく私は福井縣警察部長となり地方生活をするので、東京市政を調査研究するの機を失したが、僅に一年大震災の後に帝都復興院が出來ると共に、池田氏の計畫局長の下に調査課長となつた。私が復興院に入つたことに付て先輩知人は多く不贊成であり、物好きであり前途に不利であると云つて吳れたけれども、東京市政と私には宿緣がある感がする。復興院に入ることとの利害は知らないが、東京の復興の大業に參畫することは、私には特に意味があると思はれた。創始の官廳の苦しみは殊に創始當時に於て甚しい。部下を集め資料を漁り全然白紙に立案計畫するの困難は至大であつた。先づ私は復興事業に對する復興院と市役所との權限分界如何を定める必要を感じた。次で國と市との分擔關係を如何に定むべきかに注意を始めた。當時東京市の仕事は全部復興院に於て遂行するの氣勢さへ窺はれた。

或は復興事業は國に於て遂行すると云ふことから、市は何等の負擔を爲さゞるかに考へ、譯もなく復興事業の規模の優大なることを望むといふ風もあつた。所が愈々計畫の輪廓が定まり市の負擔すべき部分が明になると同時に、今度は如何にして市の負擔を支辨すべきかを調査しなければならない。私は全國都市の課税率を比較し、東京橫濱兩市が全國都市の例に徴して、幾何の增税余地ありや、幾何迄の負擔增加を困難とせざるかを計算して、復興豫算の編成及説明の資料とした。下水事業の如きも復興院に於て殆ど市の當該課の職員と仕事を合せて、取上げることに手續が運ばれんとしたこともある。非常の際ではあるが自治體の本來の仕事を取上げることは、自治行政の本旨に反する。努めて自治機能の復活を圖り、自治體の手に依つて復興施設を遂行するの方針を確立するに付て、私共も自治權尊重の趣旨に於て多少の貢獻を爲し得たと信ずる。十二年の臨時議會の修正に依つて、補助線街路全部及區劃整理の大部が、市長執行のことゝせられて後も事業の促進又は連絡統一上、國に於て代つて執行することに改むべしと云ふことが強く主張せられたけれども、之を議會議決を尊重する上から或は市自治權尊重の上から依然として市長執行の主義を採り、實際上の便宜及必要から復興局出張所が同時に東京市の機關となること、或は所謂區劃整理助成地區と云ふが如き方法を以て進行を企圖せられた。市執行の復興事業繼續費の內容も、市から提出せられた概算書に對し大膽な査定を加へ、復興院に於て輪廓を定めて補助金を計算し、補助豫算の要求大藏省との折衝の熟すると共に、東京市横濱市東京府神奈川縣の豫算編成又は豫算外義務負擔の決議を求め、臨時議會に提出するに至つたのであり、匇卒の際事業の取捨內容の査定に多少の不安を懷かぬでもなかつたが、其の後多少の變更を見又は見んとして居るけれども、大體に於て實行せられ又はせられんとして居る。當時の復興院の豫算編成に參與した一人として、各事業に付ては善惡共に痛切な關心を感ずるのである。私が現在の東京市の各事業に付て痛切な關心を感ずるのは、此等の緣故から由來する。其の後に於ても復興局の計畫課長として、市の都市計畫施設に付ては、上水道下水道高速度交通機關路線街路網計畫運河計畫等の調査策案から、受益者負擔制度等に付ては私も亦職務上相當の參與を爲し來つた。震災以降帝都復興事業の實績如何、東京都市計畫の既往現在及將來は、職務の內外に於て須臾も私の念頭を離れたことはない。大正十四年十月に東京府內務部長に轉じて後は、東京都市計畫事業第一期環狀線放射線街路の繰上促進、第二期環狀線放射線街路豫算の成立、市郡連絡交通施設の促進の爲にする市に對する土木補助費百萬圓の計上等、大東京の施設計畫に努めたのであるが、市自體の事業に付ては多少從來に比して疎遠になつた心地もする。併しながら私の東京市政に關する緣故は可なり深いものであり、市政の振否如何は私は極めて痛切なる關心を感ずるものであり、且如上の緣故者として市政の上に、無遠慮獨斷的な論議を下したとしても多少は恕されて然るべきかとも思ふ。

第五章　東京市長職務管掌日記

一　市長助役の更迭に善處するの道

職務管掌は自治行政の一大異例であるので、所謂自治體の不面目不名譽の事であると謂はれる。殊に實現を翹望して居る都制案の內容に於て、兎もすれば都長官選の主張が、相當の强みを持つ虞があること、乃至は明治二十二年から明治三十一年に至る迄、府知事が市長の職務を兼ねる市制の特例撤廢の爲めに多年爭ひ來つた沿革のある東京市會東京市民にとつては、傳統的に本能的に職務管掌を喜ばない實情がある。尤も職務管掌は市長助役に故障があるとき、市の執行機能を充實するが爲の止むを得ざる制度である。避くべきことは職務管掌で無くして市長助役の故障である。市長助役が連袂退職せざるべからざる場合に於ても、少くとも後任市長の就職を見る迄は、助役の一人を暫定的に留任せしむることが、市に對する最後の御奉公として當然の責務ではあるまいかと云ふ考方もある。又市會の側に於ても市長助役の退職を承認する以上同時に少くとも暫定的に執行機關の缺如を補ふ爲に、臨時市長又は助役を選擧するの方法も無い筈はない。止むを得なければ市會議員中の先輩者市參事會員中の長老が、一時之を引受けると云ふが如き慣例を作る途もあらうと思ふ。且市長の人選が延引する場合に於ては、助役の一人を先づ選擧することも市制の認める所である。頻繁なる市長助役の更迭に苦しみながら、之に善處するの手段方法を講ずることが未だ十分ではないかに思はれる。職務管掌の不面目を避ける方法は市會に於て一層考慮すべき必要があらうと思ふ。

二　東京市は職務管掌を嫌忌す

東京市が官僚の職務管掌を喜ばないことは、傳統的の自治信念の矜恃と見るべきであり、大に尊重すべき考方である。所が既に市長助長の退職が避くるを得ない狀勢であり、而も後任市長助役の選擧が後れる場合に於ては、喜ぶも喜ばざるもない職務管掌を受けるの外はない。唯此の場合に於ては成るべくならば、市としては其の同等以下と感ずる府廳の職務管掌よりも、内務省の職務管掌を希望する。職務管掌官吏も帝都たる地位に鑑み、奏任官よりも勅任官を充てられんことを望む。東京市は東京府の監督を脱せんとして居る。所謂二重監督制度の廢止は朝野の輿論であり、現に今期議會に提案する見込を以て、内務省の立案中の六大都市特別市制案は東京市は直接内務大臣の監督に服し、東京府知事の監督を受けないことになつて居る。職務管掌が今回を最終とするか否かは測り知り難いが、東京府官吏の職務管掌は之が終りであらう。職務管掌が避け得られない場合に於て、今更勝手な註文を出すべき筈ではないと謂つても人情は人情である。東京市政に對するには此等の微妙なる心理狀態に注意することが肝要である。

三　助役の暫定留任の例

大正十五年六月中村是公市長が其の退職に際して、内務部長室に來られて色々懇談せられた折の事、職務管掌に付て私は前述の趣意を以てお答へを爲し、特に職務管掌嫌忌の念が一般に熾烈である以上は、出來得る限り之を避けるに努むべきであることをお話した。更に助役の一人が暫定的に引繼事務を處理することは、敢て其の人の面目進退の大義に悖るものではあるまいと云ふ考もお話をした。私は此の一場の話に左程の意義效果があらうとは豫期しなかつたが、此の會談が當時岡田助役の一時留任を見、職務管掌を避け得た一動機であつたと云ふことを、中村さんから直接新喜樂の席上（六月十一日）で伺つて、私の言葉に左程迄に重きを置かれたことを意外にも又得意にも感じたことであつた。其の後伊澤市長の退職に際しても丸山助役の暫定的留任を見た。市長助役の更迭の際に於ける市政運用の上に好ましい傳統慣例を作ることに付て、多少の關係を持ち得たことは私の喜びとする所である。府下の町村長助役の更迭職務管掌の必要も頻發するのであるが、私は常に町村の事は町村自ら始末して監督官廳の厄介にならず、職務管掌を避けるの途を採らしめることに努めて居る。

四　職務管掌辭令の受領

今回は不信任決議に基いて市長助役が退職するのであるから、助役の一人の一時的留任を望む譯には行くまいと報ぜられたが、市會の諸君の一部には助役の一人を暫定的に留任せしめて、職務管掌を避け様とする空氣が磅礴して居つたのである。從つて愈職務管掌となれば私に其の命が下るであらうと云ふ狀勢となつて後も、私は尙市會の空氣と市政進展の趨勢を考慮して助役留任に一縷の望を繫いで居つたのであるが、十二月十二日の市會は市長助役の退職を無條件に承認したので、其の時迄府廳に居殘つた私は、平塚知事から職務管掌の辭令を受けて芝山內の官舍に歸つた。

五　職務管掌就任

十二月十三日登廳の途次首相官邸を訪問して、定例閣議に參集せられる鈴木內相に挨拶し次で鳩山翰長にも挨拶をした。更に官邸に杉山內務次官內務省に潮地方局長を訪ねて就職の挨拶をした。其の爲府廳へ出勤したのは十一時頃である。私は先づ府廳各課長に輕微なる常務を代決すること、後閲を必要とする程度の事案のみを私へ廻すこと、大體私が缺勤した場合に於けると同樣の呼吸で取扱はれたいこと、其の他對府會の事柄を打合せて後顧の患なきを期した。通常府會は會期十二日を餘し各特別委員會の質問審議は正に蔗境に入り、重要なる時節であるから必要ある場合には努めて時間を繰合せて出席し應答する手筈を定めた。幸ひ府會の空氣は極めて平穏であつて何等後顧の患が無い。私は專心市長の職務を管掌することにした。市長室で水道敎育兩局長勝大西前助役と午餐を共にし雜談をした。松本君から所管事務の主要なる點の引繼を受けた。午後一時には市課長區長諸君を市參事會室に集まつて貰つて就職の挨拶をした。私は初對面の挨拶の次には互に舊知緣故を引合に出すのが親しみを增す所以であることを思つて、私と東京市との因緣關係を述べて職務管掌中の同情援助を賴むことゝした。唯事務の上には恰も市會に於ける論難が、市政の澁滯如何を中心としたことでもあり、殊に年末に際して處理し解決すべき事案が澤山にあらうから謂ふ迄もなく市長助役の缺員に拘らず、事務の恒久性を阻碍せざる樣にせられたいと希望した。牧土木局長の答辭があつた。二時に復興局の補償審査會に出席、局の諸君に挨拶をした。電氣局長辭任に關して荒木理事と懇談し、更に豫算編制の進行程度に付て大里財務課長と打合せた。市會議長副議長及澁澤市參與の各邸を訪問就職の挨拶をして、帝國ホテルに於ける堀切復興局長官の補償審査會委員招待宴に出席した。

六　職務管掌の執務方針

始め私は市長三助役の仕事が私の手に集中するので、頗る事務が輻輳することであらうと考へた。其の際は堀切さんの先例に倣つて府廳の佐々木地方課長に援助を求め、市助役の仕事を囑託することゝしたいと思つた。所が私の手許へ來る書類には、物件購買や違約金徵收や出張命令の如き盲判書類を合せても、意外に少數であり且其の內容も左程複雜困難を覺えない。私共の經驗からすれば此等の書類の審理裁決は極めて容易の事である。尙私は直接市の局課長諸君の援助を求める方が適當と思はれたので、數日の經驗の後助役事務の囑託は斷念することゝした。十四日は十時に登廳、市會參事會等の行事を聞いた。午前中時間の餘裕があるので、省線北側の市廳舍各課事務室衞生試驗所を一巡した。勝前助役と午餐を共にして財政其の他の話を伺つた。特別都市計畫委員會常務委員會が復興局に開かれたので出席して、東京市關係の議案議了と共に急いで市會協議會へ挨拶の爲市廳へ歸つた。協議會は市長銓衡委員設置委員選定の爲に開かれたものである。私は會議の中途に出席して、身に餘る大任を命ぜられたに付ては最善を盡す覺悟であるが、此の任務を盡すには市會諸君の同情と援助に俟つの外は無いのであるから、萬事宜しく賴むと云ふ趣旨の挨拶をした。小島議長の之に對する答禮は極めて鄭重であつて、私を感激せしめるものがあつた。差し當りの重要事件は增俸案賞與案であり、前市長助役の決裁が濟んで居ると云ふことであるが、其の發表前に一應說明を聽取して決定をすることとする。豫算も略々纒まつて居ると云ふことであるから、之を編制決定する順序を進めねばなるまいと思ひ、次第に腹案を定めることにする。市會の諸君とも氣持よく挨拶をする。

七　增俸案賞與案の決裁

十二月十五日は市廳構內一巡、水道局社會局土木局各事務室を視、市廳舍建築敷地としての適否を考へて見た。財政計畫の大體を聞いて見たが、昭和四年以降に對する根本方針の確立、財政難打開の順序を考究する必要があると思ふ。無爲姑息偸安の態度を排することが肝要である。復興局の定例午餐會出席、恰かも生野前電氣局長も來合されたので、復興局の諸君市の復興關係局長技術長等と懇談することが出來た。淺草の石濱小學校落成式に出席した。私は今迄此等の儀式に出席することが如何にも時間潰しで無意義の形式儀禮であると思ひ、內務部長としては常に無遠慮缺席するを常例としたものであるが今は東京市に首腦者が無いことを思ひ、私が唯獨り直接責任の他位に在るのであるから、平素の考へを捨て時間は無理に差繰しても出席することにした。但し長時間を潰すので可なりの犧牲であるが止むを得ない。此夜市役所の増俸賞與の一切の書類を持ち歸つて考究して居る所へ、府廳の増俸案が來た。私は主任者と増俸案を決定し、竝びに將來判任上級者の優遇方法を考究した。府廳の増俸案に比べれば市役所の増俸案は、比較にならぬ程アマイものである。市長助役の更迭が頻繁であり、而も市役所には事務上の中心統制機關が缺けて居るから、退職する市長助役或は新任の市長助役は、勢ひ部下に對する總花主義人心收攬の爲の増俸案賞與案となる傾を免がれることが出來ない。總務局長を置いて事務の中樞とし、各局課の人事を統制するの必要を痛感する。職務管掌として何等御機嫌とりの必要を感じないが、今更増俸案賞與案の改案抑制も出來難いので、一の例外を除くの外既定の方針で進行することにした。此日私の最も力を入れ氣にして居る府立美術館増築豫算案が府會に提案された。

八　懸案解決の促進と區長會議

十二月十六日芝櫻川小學校落成式參列、式が遲れたので式辭を讀むと中座退出したけれども尙市廳出勤は十一時半になつた。商工課長から中央卸賣市場本場の建設事務を聽取して、調査委員會に建築設計の基礎となる各設備配置計畫の諮問案提出を急いで、復興事業中最も遲延して居る市場建設を促進させることゝした。板船權問題を進捗し又は轉廻するの方法は補償金の財源を將來の事業收入に求め、補償金を市場建設費に加算すること即市場建設費總額を增加することにすべきではあるまいかと談し會つた。公園課長に上野公園を博覽會々場に使用のこと、府立美術館增築協議のことを進行して、恩賜公園委員會開會の手續を採つて貰ふことにする。丸ビル敎育局へ學務委員會に出席、シャワーバスに付ての三輪田委員の論議を聞いた。途中に中坐退席して池園社會敎育課長から市長を以て團長に充てる聯合青年團體の、規約改正の爲の理事會招集要求を如何に應接すべきかの相談を受けた。府會の市部歲入歲出委員會に出席した。財務課長から市の歲入財政計畫を聽取した。夜は愛媛縣人會大藏經研究の權威川上孤山老師の歡迎會に出席。

十二月十七日十時半區長會議出席、議案は產業統計を市の統計課に統一する件なのであるが、區長全部の反對を受けた。一旦區役所費に計上した經費の取上げは困難なのである。況んや市役所と區役所との事務の分界整理に付ては、幾多の問題があり幾多の紛糾がある。市役所の事務中樞が充實しなければ、區役所との事務分界も簡單に整理し難いと思はれる。私は區長諸君に何等か改善の主張要求は無いかと尋ねたが、或區長は從來幾度も提出した意見が一向實行せられない。趣旨を可なりと認めながら實行を澁るのは心外であると謂つた。例之區役所の係を課に改めることゝしたいと云ふ。私は豫て行政改善の調査研究が盛に行はれながら、其の實行を見ることの寥々たる事例を見て、至極同感であるので調査研究の濟んだ事案ならば、關係局課に異存なき限り、私の在職中に斷行しやうと云ふことを話した。敎育局所管豫算の說明聽取、査定通り進行することゝした。此夜日本橋濱町野波の知事主催退職せられた市長助役電氣局長招待宴へ出席。

九　恩賜公園委員會と府會出席

十二月十九日建築課長から市廳舍建築設計概要、黑川主事から都市計畫事業繼續費案の說明、永井河港課長から築港及支川改良計畫說明聽取。午後大西さんから土木局復興事業局主要事務の引繼を受けた。府廳の午餐會で課長諸君と府會の形勢に付て談し合つた。震災關係府債減免に關する意見書に付て府會の諸君と懇談した。夜は府會各特別委員長招待宴に花月に出席。

十二月二十日社會局及衛生課の豫算査定、恩賜公園委員會開會、博覽會々場に上野公園使用、綠町公園と猿江恩賜公園、美術館増築の三案可決。府會は市部府稅修正の形勢があり、結核療養所案土木費百萬圓補助費等にも、多少懸念すべき雲行があると云ふので對策を講ずる。

十　市參事會と府會委員會及本會議

十二月二十一日朝新聞を見ると、小石川に水道鐵管が破裂して浸水家屋が出來たとある。後始末も進んで居るとはあるがどうかと思つて居る所へ、給水課長から電話で善後措置の運んで居ることを聞いて安心した。現場へは小川局長も行つて居るから素人の私は行かぬことにした。市參事會の劈頭に小川局長から顚末を報告して貰つた。市參事會は十數件を可決數件を委員附託として議事を終つた。府會の本會議が開けたが數分間で散會、協議會に移つて美術館増築案其の他追加議案は委員附託としないことに決した。委員會に出席不良住宅地區改善事業に付ては、巢鴨庚申塚の地區改善事業をも遂行する樣にとの附帶條件を付けて可決になつた。結核療養所案も可決された。築地瓢家に市會議長副議長參事會員を招待して恒例の忘年會を開いた。市役所の増俸案各廳への手當贈與案等を決裁した。

十二月二十二日内務省へ行つて財務課長に水道市債其の他の進行を賴んだ。復興局で廣瀨文書課長と打合せた。復興事業局長缺員の爲復興事業の決裁の澁滯があると云ふことであつたから、事の大小を問はず各出張所で市の意思決定を要する事案は、直接職務管掌へ申出て貰ひたい。即刻解決すると大見えを切つたので、復興局から文書で各出張所へ達したと云ふ。其の僻單に地下埋設物關係者への年末手當問題位を解決すれば足りた譯であつた。仍つて更に復興事業局へ寄つて寺田技師黑川主事と懸案處理解決を打合せた。午後は府會委員會を驅け廻つた。市部の土木費百萬圓補助は原案通りとなつた。市部歲入委員會は唯一の難關である。藝妓稅減稅自轉車稅輕減等の修正意見に對して原案維持に努めたけれども其の效を奏せず、幾らか減稅程度を緩和し得たに止まつた。府會本會議が開かれて各案は府稅の輕減の外、希望條件が附されて原案可決、都市計畫事業の不足額追加目黑川改修費追加、荒川河身整理不良住宅改善結核療養所女學校移轉改築、美術館增築府廳附屬舍改築等を包含する五千萬圓の總豫算前年度より七百萬圓增の豫算は、府道編入河川運河改修諮問案等と共に可決せられて、東京府會には珍らしくも會期一日を餘して十時閉會となつた。欣快此事であり府會諸君の好意を謝す。

十一　豫算査定と府參事會

十二月二十三日清掃課公園課商工課等の豫算を査定した。豫算査定に多少の無理があるのであらう、多少の復活要求を認める必要があると謂ふ。適當の處置を採ることゝする。區劃整理の一懸案セールフレーザーの換地に關する主任者の說明聽取。課長以上の諸君に昇級辭令を手交した。元軍需局國勢院舊友忘年會三河屋へ出席。

十二月二十四日區役所費養育院土木局等の豫算査定。大禮紀念國産振興博覽會協贊會の午餐會出席。府參事會開會、新設商業學校敷地深川越中島土地買收の懸案可決解決した。府會の議長副議長慰勞宴に築地蜻蛉へ行く。都市計畫と道路行政に關する論文集の印刷校正を終つた。

十二　震災市債に關する陳情運動の打合と懸案書類の決裁

十二月二十五日原宿驛に兩陛下の多摩陵行幸啓を奉送奉迎した。家族と共に明治神宮に參拜した。

十二月二十六日秘書文書經理會計財務諸課の豫算査定。雇傭員給與規程を考究した。市の少壯吏員諸君と市政に關する時事を隔意なく論議し合つた。復興局第二出張所長山口君が來られて、愈々第十地區大和町龍閑町の移轉命令を出すので、或は關係者から陳情があるかも知れないからと謂つて行かれた。區劃整理の幾多の難問も解決されて來て、最早本件の如きが難問中の難問であらう。結局行く所まで行く外はない、機が熟すれば斷行されるがよいと思ふ。

十二月二十七日歲入關係の豫算を査定し大體方針を談し合つた。午後市廳舍建築費の電氣水道兩經濟分擔に付て協議した。敎育土木兩局長とも重要懸案を協議した。震災關係府縣市債元利償還免除輕減の陳情運動の打合せに付、橫濱市長神奈川縣知事東京府知事が、知事室に會合されたので之に參加、大體の打合せを終つて順次具體化して行く段取りとなつた。中央卸賣市場本場の主要設備配置に關する委員會諮問案を決裁した。勝前助役から事務引繼關係書類が出來上つたので、總括的に事務引繼を受けた。懸案重要事件の輪廓が一層明瞭になつた。

十二月二十八月區役所職制改正市休暇規程改正を決裁した。其の他一つも懸案書類が殘らない。府の環狀線道路に軌道敷設特許申請の市會提案も決裁した。御用收めの挨拶をした。瓦斯會社電燈會社報償金の計算問題を文書課長から聽取した。急に時間に餘裕が出來たので職業課長と一緒に深川埋立地の失業救濟土木事業、富川町の木賃宿江東橋の職業紹介所を視察した。

十二月二十九日宮城へ歳晚祝詞言上に行く。

十二月三十日市長選擧の市會が開かれるので十時半登廳。市會を待つ間に研究論文を書き上げ、市長室の市政參考書類を一々調べて見た。七時頃市會は定足數に足らず流會となる。某君は私を二年越しの市長だと謂ふ。如何にも日本流に數へると二年越しである。

十二月三十一日商工奬勵館前の有樂館が火事だと云ふので、之は館長事務取扱の資格からも、府廳市役所の近火と云ふ點からも、早く驅け付ける必要があるので急いで行つて見ると鎭火の後なので、消防部警察署消防部長を訪問挨拶して歸つた。

十三　御用始の挨拶

一月一日家族と共に芝神明神田明神日枝神社參拜。

一月四日十時半登廳、商工奬勵館の府廳御用始の式に參列、廳員一同と共に平塚知事の訓示を受く。十一時半市參事會室で局課長諸君に對して、昭和の御代の東京市政は大正年代の萎靡不振無爲無能を繰返さず、市會に於て强固なる根據を有する市長助役の下に、力强き施政を爲して帝都自治の本義を發揮したい希望を述べた。從來の沿革を概說し當面の最重要の懸案二三にも言及した。知事は御用始の日に特に意義ある書類として、町名地番整理の訓令を決裁したと謂はれたが、市長室には一の懸案書類も無い。年越しの書類が一件もないので、髀肉の歎に堪えないけれども、何等爲すべき事もない。昨夜卒倒された母上の看護の爲に歸宅を急ぐ。母上の重態子供の病氣内憂に苦しむけれども、重要なる公務には何等支障を及ぼさない樣に努める。

十四　職務管掌の終了

一月六日消防出初式參列の爲九時半警視廳に行く。高松宮殿下に東京市長職務管掌として拜謁。出初式終了後祝宴參列。一時登廳。市公報の改善に付て文書課と打合す。午後七時市長室から京橋紺屋町の近火を望見、電氣局共濟組合事務所其の他は無事。九時市長選擧の市會開議、出席して就職の挨拶實は最早此の重任も長からぬ見込であるが、市會の同情援助をお願ひすると挨拶をする。直に市長選擧に進み出席者八十五人有效投票八十五票中七十五票の得票にて市來乙彦氏當選。

一月七日十時半登廳、事務引繼の準備をする、縣案未決事項處理。一時半區郡稅務協議會出席、府市兩方面の立場から希望を一言す。退廳、午後五時市來氏就職承諾書提出の電話を受く。

一月九日午後一時市來市長に緊急重要事項四件を引繼いだ、他の事項は助役決定を俟つて引繼ぐ見込である。之で私の任務は終つた。內務省復興局大臣次官首相官邸へ職務管掌終了の挨拶に行つて來た。此夜中央亭に府廳市役所局長部長技術長理事書記長課長諸君を招待して、在職中の援助同情のお禮を述べた。

昭和三年七月二十五日印刷
昭和三年八月一日發行

地方自治と東京市政奥附

定價金貳圓六拾錢

作者　菊池慎三

發行者　河中俊四郎
東京市小石川區水道町四十七番地

印刷者　鷲見九市
東京市牛込區市谷加賀町一丁目十二番地

發行所
東京市小石川區
水道町四十七番地
良書普及會
振替口座東京六四四九番
電話小石川（一六四三四番
　　　　　　一〇三五番）

株式會社秀英舍印刷

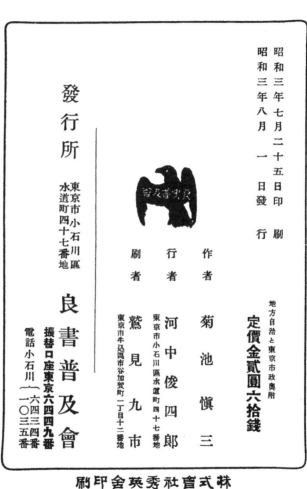

良書普及會刊行書目

著者	書名	體裁	價	送
大正十四年 大正十五年	『自治研究全集(1.2)』	菊判背革 千九百頁	價7.90	送.36
昭和二年	『自治研究全集(3)』	菊判背革 千四百頁	價6.40	送.27
田中廣太郎著	『最新地方財政要綱』	四六判洋裝 一二〇頁	價.80	送.06
田中廣太郎著	『増補改册地方税制講話』	菊判上製 四八〇頁	價3.50	送.20
田中廣太郎著	『改訂地方税戸數割』	菊判上製 三〇〇頁	價2.60	送.18
外山福男著	『新地方税制の運用』	菊判上製 三八〇頁	價3.40	送.18
良書普及會編	『改訂新税法提要』	菊半截並製 三八〇頁	價.85	送.06
東京地方改良協會著	『改訂市町村税制限外課税』	四六判洋裝 一〇八頁	價.68	送
大塚辰治著	『改訂市町村財務規程』	菊判上製 四四〇頁	價3.60	送.18
近藤行太郎著	『市町村税特別税』	四六判並製 二一〇頁	價1.40	送.08
水谷平吉著	『市町村公債』	四六判並製 二五〇頁	價1.70	送.10
大塚辰治著	『例規實例市町村條例』	菊判上製 六五〇頁	價46.0	送.18
大塚辰治著	『改正市制町村制逐條解說』	菊判全二册 千八百頁	價12.00	送.36

良書普及會刊行書目

著者	書名	體裁	價	送
石原雅二郎著	『選擧運動費計理論』	菊判洋裝 一六〇頁	價1.40	送.10
石原雅二郎著	『選擧犯罪の研究』	近刊		
挾間茂著	『選擧法講話』	四六判上製 四二〇頁	價2.50	送.12
東京地方改良協會著	『普選法事務提要』	菊判上製 六二〇頁	價4.30	送.18
石橋信著	『選擧運動と費用及罰則』	菊判上製 四五〇頁	價3.30	送.18
良書普及會編	『普選取締法規』	菊判洋裝 一二四頁	價.60	送.06
東京地方改良協會著	『衆議院議員選擧法並關係法令』	菊半截並製 一六〇頁	價.45	送.04
同	『貴族院多額納税議員互選規則』	菊半截並製 全一冊	價.40	送.02
安井英二著	『公營事業論』	菊判上製 一七〇頁	價1.50	送.10
藤野惠著	『公益質屋法要論』	菊判上製 三三〇頁	價3.10	送.18
飯沼一省著	『都市計畫の理論と法制』	菊判上製 四四〇頁	價3.80	送.18
內務省河川課	『水ニ關スル法令並例規』	菊判上製 八三〇頁	價5.80	送.20
田中好編	『現行土木例規類纂』	菊判加除製 千二百頁	價8.00	送.24

良書普及會刊行書目

著者	書名	體裁	頁數	價	送
田中好著	『土地收用法論』	菊判上製	二八〇頁	近刊	
田中好編	『土地收用法學說實例總覽』	菊半折込裝	二五〇頁	價1.40	送.10
武井群嗣著	『道路及道路交通』	菊判洋裝	二七〇頁	價2.00	送.12
小栗忠七編	『例規判例都市計畫法規類集』	菊判上製	九八〇頁	價6.50	送.20
良書普及會編	『新軌道法例規』	菊判並製	全一册	價.50	送.02
同	『改正土地收用法例規』	菊判並製	全一册	價.38	送.02
加藤鐵矢著	『國有財產法詳論』	菊判上製	五〇〇頁	價4.80	送.18
木下友三郎修	『行政裁判所判決總覽』	菊判加除綴	二千百頁	價15.00	送.60
加々美武夫・有光金兵衞著	『行政執行法論』	菊判上製	二〇八頁	價2.00	送.12
川村貞四郎・有光金兵衞著	『治安警察法論』	菊判上製	三〇〇頁	價2.50	送.12
石橋信著	『搜查手續要義』	菊判上製	二七〇頁	價2.30	送.12
川村貞四郎著	『警察研究(1)體系編』	菊判上製	一五〇頁	價1.10	送.06
川村貞四郎著	『警察研究(2)監識乃至細民』	菊判並製	一六〇頁	價1.20	送.08

(附に)

良書普及會刊行書目

川村貞四郎著	『警察研究(3) 賣淫及精神病』	菊判九〇頁並製	價.80	送.04
良書普及會編	『改正刑事訴訟法』	菊半截全一册並製	價.40	送.02
同	『警察操典』	菊半截全一册並製	價.12	送.02
有光金兵衞著	『狩獵法釋義』	四六判一六〇頁並製	價.90	送.06
川村貞四郎著	『ムッソリニとファシスト運動』	四六判二四〇頁上製	價1.80	送.12
川村貞四郎譯	『携李朱逢吉編 牧民心鑑』	四六判一一〇頁上製	價1.10	送.10
外山福男著	『選奬町村及優良團體』	四六判二八〇頁上製	價1.50	送.10
外山福男著	『農村行政』	菊判六〇〇頁上製	價4.20	送.20
土井權大 水本信夫著	『小作調停法原理』	菊判三二〇頁上製	價2.80	送.18
川崎力三著	『農會法正義』	菊判四三〇頁上製	價4.00	送.18
內務省地方局	『地方改良研究(第二卷)』	菊判三八〇頁並製	價2.20	送.12
樋貝詮三著	『新恩給法釋義』	菊判三八〇頁上製	價3.30	送.18
樋貝詮三著	『新恩給法釋義追卷』	菊判二三〇頁上製	價2.20	送.12

(附注)

良書普及會刊行書目

良書普及會編	『現行教育法令輯覽』	四六判加除綴 七八〇頁	近刊	
磯島 奏平著	『改訂學事例典小學編』	菊判折込装 五〇〇頁	價 2.00	送 .10
磯島 奏平著	『現行學事例典中等編』	菊判折込装 一〇五〇頁	價 3.20	送 .12
高峰 博著	『勞働心理』	菊判洋装 二八〇頁	價 1.80	送 1.20
高峰 博著	『兒童の言語教育』	四六判洋装 一三〇頁	價 .60	送 .04
生田 長江著	『反資本主義』	四六判洋装 一一五頁	價 .85	送 .06
高野佐三郎著	『劍道』	菊判革装 六七〇頁	價 7.00	送 .27
高野佐三郎著	『日本劍道教範』	菊判上製 二三〇頁	價 2.80	送 .12
良書普及會編	『頭註帝國法典』	菊半革包装 千四百頁	價 3.50	送 .18
良書普及會編	『新兵役法並關係法規』	菊半截洋装 六三〇頁	價 1.30	送 .10
牧野菊之助校	『非訟事件手續總覽』	菊判背革 五三〇頁	價 4.80	送 .18
森 類一著	『商業及法人登記手續』	菊判背革 一〇七〇頁	價 6.70	送 .27
森 類一著	『不動産登記手續』	菊判背革 九〇〇頁	價 5.80	送 .24

地方自治法研究復刊大系〔第259巻〕

地方自治と東京市政〔昭和3年初版〕

日本立法資料全集 別巻 1069

2018(平成30)年11月25日　復刻版第1刷発行　7669-5:012-010-005

著　者　菊　池　愼　三
発行者　今　井　貴
　　　　稲　葉　文　子
発行所　株式会社信山社

〒113-0033 東京都文京区本郷6-2-9-102東大正門前
Ⓣ03(3818)1019　Ⓕ03(3818)0344
来栖支店〒309-1625 茨城県笠間市来栖2345-1
Ⓣ0296-71-0215　Ⓕ0296-72-5410
笠間才木支店〒309-1611 笠間市笠間515-3
Ⓣ0296-71-9081　Ⓕ0296-71-9082

印刷所　ワイズ書籍
製本所　カナメブックス
用　紙　七洋紙業

printed in Japan　分類 323.934 g 1069

ISBN978-4-7972-7669-5 C3332 ¥36000E

日本立法資料全集 別巻

地方自治法研究復刊大系

参照比較 市町村制註釈 完 附 問答理由 第2版〔明治22年6月発行〕／山中兵吉 著述
自治新制 市町村会法要談 全〔明治22年11月発行〕／高嶋正載 著述 田中重策 著述
国税 地方税 市町村税 滞納処分法問答〔明治23年5月発行〕／竹尾高堅 著
日本之法律 府県制郡制正解〔明治23年5月発行〕／宮川大壽 編輯
府県制郡制註釈〔明治23年6月発行〕／田島彦四郎 註釈
日本法典全書 第一編 府県制郡制註釈〔明治23年6月発行〕／坪谷善四郎 著
府県制郡制義解 全〔明治23年6月発行〕／北野竹次郎 編著
市町村役場実用 完〔明治23年7月発行〕／福井淳 編纂
市町村制実務要書 上巻 再版〔明治24年1月発行〕／田中知邦 編纂
市町村制実務要書 下巻 再版〔明治24年3月発行〕／田中知邦 編纂
米国地方制度 全〔明治32年9月発行〕／板垣退助 序 根本正 纂訳
公民必携 市町村制実用 全 増補第3版〔明治25年3月発行〕／進藤彬 著
訂正増補 議制全書 第3版〔明治25年4月発行〕／岩藤良太 編纂
市町村制実務要書続編 全〔明治25年5月発行〕／田中知邦 著
地方學事法規〔明治25年5月発行〕／鶴鳴社 編
増補 町村制執務備考 全〔明治25年10月発行〕／増澤鐵 國吉拓郎 同輯
町村制執務要録 全〔明治25年12月発行〕／鷹巣清二郎 編輯
府県制郡制便覧 明治27年初版〔明治27年3月発行〕／須田健吉 編輯
郡市町村吏員 収税実務要書〔明治27年11月発行〕／荻野千之助 編纂
改訂増補鼇頭参照 市町村制講義 第9版〔明治28年5月発行〕／蟻川堅治 講述
改正増補 市町村制実務要書 上巻〔明治29年4月発行〕／田中知邦 編纂
市町村制詳解 附 理由書 改正再版〔明治29年5月発行〕／島村文耕 校閲 福井淳 著述
改正増補 市町村制実務要書 下巻〔明治29年7月発行〕／田中知邦 編纂
府県制 郡制 町村制 新税法 公民之友 完〔明治29年8月発行〕／内田安蔵 五十野譲 著述
市制町村制註釈 附 市制町村制理由 第14版〔明治29年11月発行〕／坪谷善四郎 著
府県制郡制註釈〔明治30年9月発行〕／岸本辰雄 校閲 林信重 註釈
市町村新旧対照一覧〔明治30年9月発行〕／中村芳松 編輯
町村至宝〔明治30年9月発行〕／品川彌二郎 題字 元田肇 序文 桂虎次郎 編纂
市制町村制應用大全 完〔明治31年4月発行〕／島田三郎 序 大西多典 編纂
傍訓註釈 市制町村制 並ニ 理由書〔明治31年12月発行〕／筒井時治 著
改正 府県郡制問答講義〔明治32年4月発行〕／木内英雄 編纂
改正 府県制郡制正文〔明治32年4月発行〕／大塚宇三郎 編纂
府県制郡制〔明治32年4月発行〕／徳田文雄 編輯
郡制府県制 完〔明治32年5月発行〕／魚住嘉三郎 編輯
参照比較 市町村制註釈 附 問答理由 第10版〔明治32年6月発行〕／山中兵吉 著述
改正 府県制郡制註釈 第2版〔明治32年6月発行〕／福井淳 著
府県制郡制釈義 全 第3版〔明治32年7月発行〕／栗本勇之助 森惣之祐 同著
改正 府県制郡制註釈 第3版〔明治32年8月発行〕／福井淳 著
地方制度通 全〔明治32年9月発行〕／上山満之進 著
市町村新旧対照一覧 訂正第五版〔明治32年9月発行〕／中村芳松 編輯
改正 府県制郡制 並 関係法規〔明治32年9月発行〕／鷲見金三郎 編纂
改正 府県制郡制釈義 再版〔明治32年11月発行〕／坪谷善四郎 著
改正 府県制郡制釈義 第3版〔明治34年2月発行〕／坪谷善四郎 著
再版 市町村制例規〔明治34年11月発行〕／野元友三郎 編纂
地方制度実例総覧〔明治34年12月発行〕／南浦西郷侯爵 題字 自治館編集局 編纂
傍訓 市制町村制註釈〔明治35年3月発行〕／福井淳 著
地方自治提要 全〔明治35年5月発行〕／木村時義 校閲 吉武則久 編纂
市制町村制釈義〔明治35年6月発行〕／坪谷善四郎 著
帝国議会 府県会 郡会 市町村会 議員必携 附 関係法規 第一分冊〔明治36年5月発行〕／小原新三 口述
帝国議会 府県会 郡会 市町村会 議員必携 附 関係法規 第二分冊〔明治36年5月発行〕／小原新三 口述
地方制度実例総覧〔明治36年8月発行〕／芳川顕正 題字 山脇玄 序文 金田謙 著
市町村是〔明治36年11月発行〕／野田千太郎 編纂
市制町村制釈義 明治37年第4版〔明治37年6月発行〕／坪谷善四郎 著
府県郡市町村 模範治績 附 耕地整理法 産業組合法 附属法例〔明治39年2月発行〕／荻野千之助 編輯
自治之模範〔明治39年6月発行〕／江木翼 編
改正 市制町村制〔明治40年6月発行〕／辻本末吉 編輯
実用 北海道郡区町村案内 全 附 里程表 第7版〔明治40年9月発行〕／廣瀬清澄 著述
自治行政例規 全〔明治40年10月発行〕／市町村雑誌社 編著
改正 府県制郡制要義 第4版〔明治40年12月発行〕／美濃部達吉 著
判例挿入 自治法規全集 全〔明治41年6月発行〕／池田繁太郎 著
市町村執務要覧 全 第一分冊〔明治42年6月発行〕／大成会編輯局 編輯
市町村執務要覧 全 第二分冊〔明治42年6月発行〕／大成会編輯局 編輯比較研究
自治要義 明治43年再版〔明治43年3月発行〕／井上友一 著
自治之精髄〔明治43年4月発行〕／水野錬太郎 著
市制町村制講義 全〔明治43年6月発行〕／秋野沆 著

日本立法資料全集 別巻

地方自治法研究復刊大系

仏蘭西邑法 和蘭邑法 皇国郡区町村編制法 合巻〔明治11年8月発行〕／箕作麟祥 閲 大井憲太郎 譯／神田孝平 譯
郡区町村編制法 府県会規則 地方税規則 三法綱論〔明治11年9月発行〕／小笠原美治 編輯
郡吏議員必携三新法便覧〔明治12年2月発行〕／太田啓太郎 編輯
郡区町村編制 府県会規則 地方税規則 新法例纂〔明治12年3月発行〕／柳澤武運三 編輯
全国郡区役所位置 郡政必携 全〔明治12年9月発行〕／木村陸一郎 編輯
府県会規則大全 附 裁定録〔明治16年6月発行〕／朝倉達三 閲 若林友之 編輯
区町村会議要覧 全〔明治20年4月発行〕／阪田辨之助 編纂
英国地方制度 及 税法〔明治20年7月発行〕／良保両氏 合著 水野遵 翻訳
鼇頭傍訓 市制町村制註釈 及 理由書〔明治21年1月発行〕／山内正利 註釈
英国地方政治論〔明治21年2月発行〕／久米金彌 翻譯
市制町村制 附 理由書〔明治21年4月発行〕／博聞本社 編
傍訓 市町村制及説明〔明治21年5月発行〕／高木周次 編纂
鼇頭註釈 市町村制俗解 附 理由書 第2版〔明治21年5月発行〕／清水亮三 註解
市制町村制註釈 完 附 市制町村制理由 明治21年初版〔明治21年5月発行〕／山田正賢 著述
市町村制詳解 全 附 市町村制理由〔明治21年5月発行〕／日鼻豊作 著
市制町村制釈義〔明治21年5月発行〕／壁谷可六 上野太一郎 合著
市制町村制詳解 全 附 理由書〔明治21年5月発行〕／杉谷庸 訓點
町村制詳解 附 市制及町村制理由〔明治21年5月発行〕／磯部四郎 校閲 相澤富蔵 編述
傍訓 市制町村制 附 理由〔明治21年5月発行〕／鶴聲社 編
市制町村制 並 理由書〔明治21年7月発行〕／萬字堂 編
市制町村制正解 附 理由〔明治21年6月発行〕／芳川顯正 序文 片貝正晉 註解
市制町村制釈義 附 理由書〔明治21年6月発行〕／清岡公張 題字 樋山廣業 著述
市制町村制釈義 附 理由 第5版〔明治21年6月発行〕／建野郷三 題字 櫻井一久 著
市町村制註解 完〔明治21年6月発行〕／若林市太郎 編輯
市町村制釈義 全 附 市町村制理由〔明治21年7月発行〕／水越成章 著述
市制町村制義解 附 理由〔明治21年7月発行〕／三谷軌秀 馬袋鶴之助 著
傍訓 市制町村制註解 附 理由書〔明治21年8月発行〕／鯰江貞雄 註解
市制町村制註釈 附 市制町村制理由 3版増訂〔明治21年8月発行〕／坪谷善四郎 著
傍訓 市制町村制 附 理由書〔明治21年8月発行〕／同盟館 編
市町村制正解 明治21年第3版〔明治21年8月発行〕／片貝正晉 註釈
市制町村制註釈 完 附 市制町村制理由 第2版〔明治21年9月発行〕／山田正賢 著述
傍訓註釈 日本市制町村制 及 理由書 第4版〔明治21年9月発行〕／柳澤武運三 註解
鼇頭参照 市町村制註解 完 附 理由書及参考諸令〔明治21年9月発行〕／別所富貴 著述
市町村制問答詳解 附 理由書〔明治21年9月発行〕／福井淳 著
市制町村制註釈 附 市制町村制理由 4版増訂〔明治21年9月発行〕／坪谷善四郎 著
市制町村制 並 理由書 附 直接間接税類別 及 実施手続〔明治21年10月発行〕／高崎修助 著述
市町村制釈義 附 理由書 訂正再版〔明治21年10月発行〕／松木堅葉 訂正 福井淳 釈義
増訂 市制町村制註解 全 附 市制町村制理由挿入 第3版〔明治21年10月発行〕／吉井太 註解
鼇頭註釈 市町村制俗解 附 理由書 増補第5版〔明治21年10月発行〕／清水亮三 註解
市町村制施行取扱心得 上巻・下巻 合冊〔明治21年10月・22年2月発行〕／市岡正一 編纂
市制町村制傍訓 完 附 市制町村制理由 第4版〔明治21年10月発行〕／内山正如 著
鼇頭対照 市町村制解釈 附理由書及参考諸布達〔明治21年10月発行〕／伊藤寿 註釈
市制町村制俗解 明治21年第3版〔明治21年10月発行〕／春陽堂 編
市町村制正解 明治21年第4版〔明治21年10月発行〕／片貝正晉 註釈
市制町村制詳解 附 理由 第3版〔明治21年11月発行〕／今村長善 著
町村制実用 完〔明治21年11月発行〕／新田貞橘 鶴田嘉内 合著
町村制精解 完 附 理由書 及 問答録〔明治21年11月発行〕／中目孝太郎 磯谷群爾 註釈
市町村制問答詳解 附 理由 全〔明治22年1月発行〕／福井淳 著述
訂正増補 市町村制問答詳解 附 理由 及 追輯〔明治22年1月発行〕／福井淳 著
市町村制質問録〔明治22年1月発行〕／片貝正晉 編述
傍訓 市町村制 及 説明 第7版〔明治21年11月発行〕／高木周次 編纂
町村制要覧 全〔明治22年1月発行〕／浅井元 校閲 古谷省三郎 編纂
鼇頭 市制町村制 附 理由書〔明治22年1月発行〕／生稲道蔵 略解
鼇頭註釈 町村制 附 理由 全〔明治22年2月発行〕／八乙女盛次 校閲 片野続 編釈
市町村制実解〔明治22年2月発行〕／山田顕義 題字 石黒磐 著
町村制実用 全〔明治22年3月発行〕／小島鋼次郎 岸野武司 河毛三郎 合述
実用詳解 町村制 全〔明治22年3月発行〕／夏目洗蔵 編集
理由挿入 市町村制俗解 第3版増補訂正〔明治22年4月発行〕／上村秀昇 著
町村制市制全書 完〔明治22年4月発行〕／中嶋廣蔵 著
英国市制実見録 全〔明治22年5月発行〕／高橋達 著
実地応用 町村制質疑録〔明治22年5月発行〕／野田籐吉郎 校閲 國吉拓郎 著
実用 町村制市制事務提要〔明治22年5月発行〕／島村文耕 輯解
市町村条例指鍼 完〔明治22年5月発行〕／坪谷善四郎 著
参照比較 市町村制註釈 完 附 問答理由〔明治22年6月発行〕／山中兵吉 著述
市町村議員必携〔明治22年6月発行〕／川瀬周次 田中迪三 合著